Das antike Rom

1. Juppiter-Tempel (Tempel der Kapitolinischen Trias)
2. Arx mit Juno-Tempel
3. Vesta-Tempel
4. Apoll-Tempel
5. Thermen des Agrippa
6. Dis und Proserpina-Tempel
7. Circus Maximus
8. Kaiserforen mit Trajanssäule
9. Mausoleum Augusti
10. Colosseum
11. Kaiserpaläste
12. Trajansthermen
13. Ara pacis
14. Pompeiustheater
15. Diokletiansthermen
16. Nerothermen
17. Titusthermen
18. Constantinthermen
19. Caracalla-Thermen
20. Marcellustheater

1. QUIRINAL
2. VIMINAL
3. ESQUILIN
4. CAELIUS
5. AVENTIN
6. PALATIN
7. KAPITOL

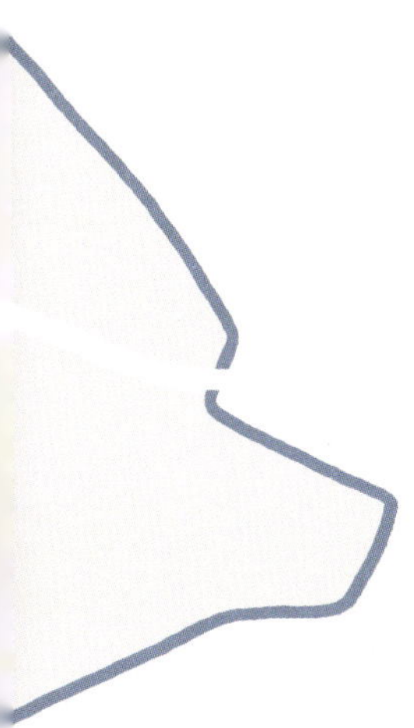

VIVA 3

Lehrgang für Latein ab Klasse 5 oder 6 – Ausgabe Bayern

von
Verena Bartoszek
Verena Datené
Sabine Lösch
Inge Mosebach-Kaufmann
Gregor Nagengast
Christian Schöffel
Barbara Scholz
Wolfram Schröttel

Beratung: Theo Wirth (Wortschatz und Grammatik)

Illustrationen: Miriam Koch

Vandenhoeck & Ruprecht

Bibliografische Information der Deutschen Nationalbibliothek

Die Deutsche Nationalbibliothek verzeichnet diese Publikation in der Deutschen Nationalbibliografie; detaillierte bibliografische Daten sind im Internet über http://dnb.d-nb.de abrufbar.

ISBN 978-3-525-71101-9

Redaktion: Susanne Gerth
Layout, Gestaltung, Satz, Litho und Umschlag: SchwabScantechnik, Göttingen
Druck und Bindung: ⊕ Hubert & Co., Göttingen

Gedruckt auf alterungsbeständigem Papier.

Liebe Schülerin, lieber Schüler,

dieser dritte Band des Lehrwerks VIVA führt dich nach und nach zu den originalen Texten der Römer. Folgende Geschichten werden dich durch das Schuljahr begleiten:

- Der Mordprozess gegen Sextus Roscius: Eine politisch motivierte Mordanklage bringt Sextus Roscius in große Gefahr. Traut sich der noch junge Anwalt Cicero, diesen heiklen Fall zu übernehmen?
- Iason und Medea: Wie im Märchen wird sich Iason auf eine Abenteuerreise begeben. Er wird sich unsterblich in die Prinzessin Medea verlieben, die ihm hilft, einen Drachen zu besiegen.
- Kaiser Nero: Kann er sich gegen die guten Ratschläge seiner Mutter durchsetzen? Und was sagt sein Erzieher, der Philosoph Seneca, dazu?
- Zwei Erzählungen aus dem Mittelalter: Wie Marina sich als Junge verkleidet – und wie Paulus den Teufel austrickst.
- Zwei Gruselgeschichten: Werwölfe.

Hier noch einige Tipps zum Arbeiten mit dem Buch:

- Zu Beginn einer jeden Lektion erzählt dir ein kurzer lateinischer Text eine spannende Geschichte. Dabei lernst du immer einige neue Wörter und neue Grammatik.
  Wenn du mehr lesen willst, kannst du dich zusätzlich in eine kleine Geschichte im Zusatztext vertiefen – das ist aber keine Pflicht, darum ist er mit einem Sternchen * gekennzeichnet.
- Damit du auch wirklich fit wirst und Freude an Latein hast, findest du viele Übungen. Natürlich musst du nicht alle machen – deine Lehrkraft hilft dir sicher auch bei der Auswahl. Die Übungen kommen immer in der gleichen Reihenfolge:
  1. Einführungsübungen: Die Übungen in der ersten Zeile sind dafür da, die neue Grammatik kennenzulernen. Sie enthalten noch keine neuen Wörter.
  2. Wortschatzübungen: Wenn man eine neue Sprache lernt, ist es immer das Wichtigste, die Wörter zu können und zu wissen, was sie bedeuten. Deshalb gibt es dazu besonders viele Übungen. Weil jeder anders lernt, sind die Übungen unterschiedlich – du hast sicher schon gemerkt, welche Übungen dir beim Einprägen der Wörter am besten helfen.
  3. Formen- und Syntaxübungen: Mit diesen Übungen trainierst du, die Funktion der Wörter im Satz richtig zu erkennen und zu übersetzen.

  Wiederholungsübungen sind blau gekennzeichnet; Übungen, die ein bisschen kniffliger sind, sind grün.

Am Ende einer Geschichte findest du weitere Informationen zur römischen Welt, methodische Hinweise, die dir das Arbeiten im Lateinunterricht erleichtern, und zusätzliche Übungen (z. B. für die Vorbereitung auf eine Schulaufgabe).

Wir wünschen dir weiterhin viel Freude mit VIVA!

Kaiser Nero und Seneca

Erste Lektüre: Mittelalter – Heilige und Teufel

Erste Lektüre: Unter Wölfen

Rondogramme
Theo Wirth, Christian Seidl, Christian Utzinger: Sprache und Allgemeinbildung © Lehrmittelverlag Zürich

Abbildungen
akg/Bildarchiv Steffens: 66; 68/69, Abb. 3
akg-images: 36, Abb. 1, 2; 37, Abb. 4
akg-images/Album/Joseph Martin: 76
akg-images/British Library: 69, Abb. 2; 74
akg-images/De Agostini Picture Lib.: 26, Abb. 1; 41; 57
akg-images/De Agostini Picture Lib./G. Dagli Orti: 35
akg-images/Erich Lessing: 26, Abb. 2; 52, Abb. 1
akg-images/Mondadori Portfolio/Luciano Pedicini: 31
akg-images/MPortfolio/Electa: 26/27, Abb. 3
BBC: 10/11
bpk | RMN – Grand Palais | Les frères Chuzeville: 27, Abb. 4
CRYptex: 20, Abb. 2
fotolia, © Gerard Dussoubs: 68, Abb. 1
Matthias Gerth: 67
Hess-Divo AG: 43, Abb. 2
DerHexer: 53, Abb. 3
Leo Mauldin: 42, Abb. 1
© Madrid, Museo Nacional del Prado: 77, Abb. 2
Numismatica Ars Classica NAC AG, Zürich: 43, Abb. 4
Rama: 47
Sailko: 261, Abb. 3
Christian Schöffel: 21, Abb. 3
Jutta Schweigert: 20, Abb. 1
Szilas: 21, Abb 4
Txo: 25
Edward J. Waddell, Ltd.: 43, Abb. 3
Jeremy Weate, Xeno, Archeology Museum, Naples: 53, Abb. 2
www.shutterstock.com, nikidel: 58/59

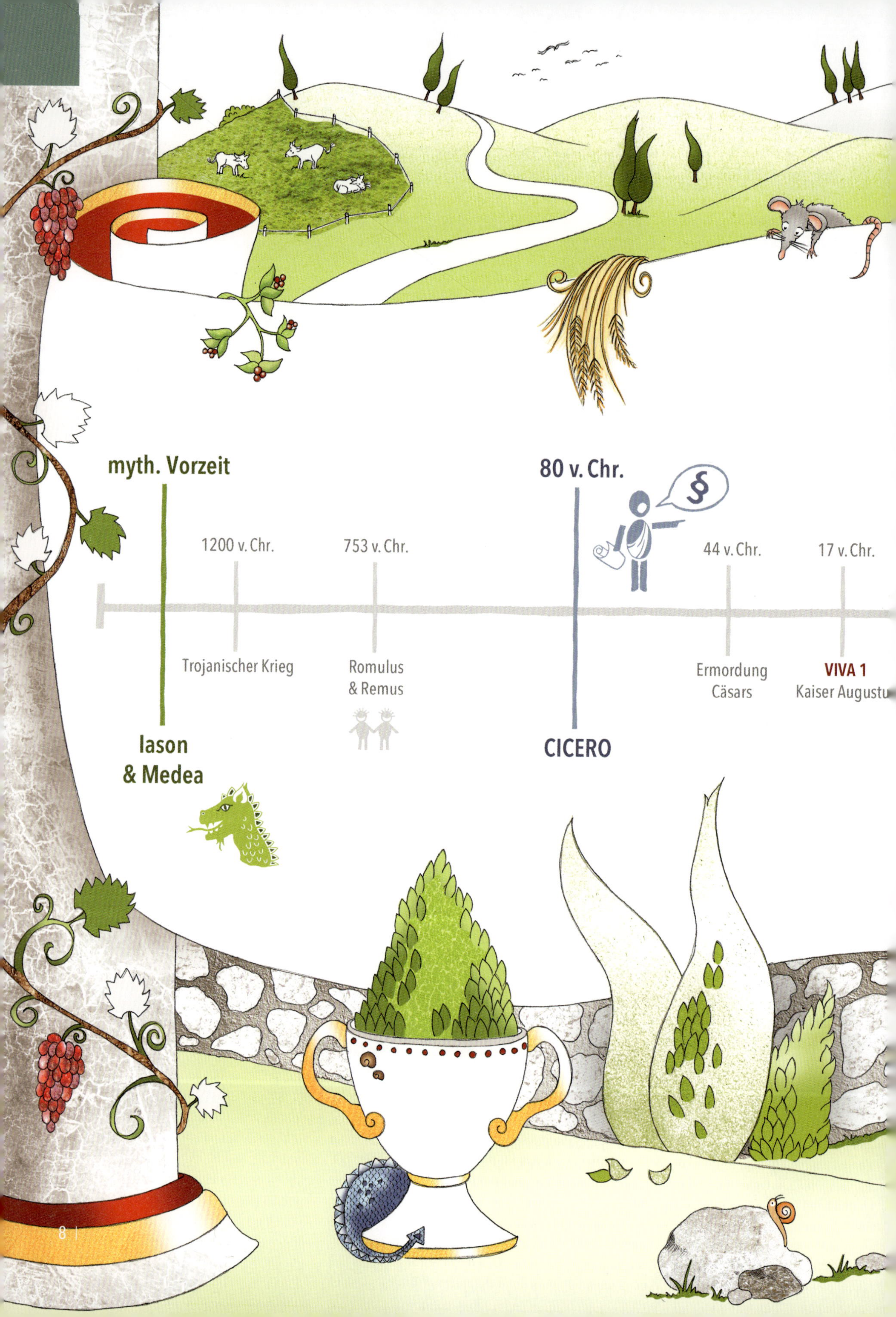
myth. Vorzeit
Iason
& Medea
1200 v. Chr.
Trojanischer Krieg
753 v. Chr.
Romulus
& Remus
80 v. Chr.
§
CICERO
44 v. Chr.
Ermordung
Cäsars
17 v. Chr.
VIVA 1
Kaiser Augustu

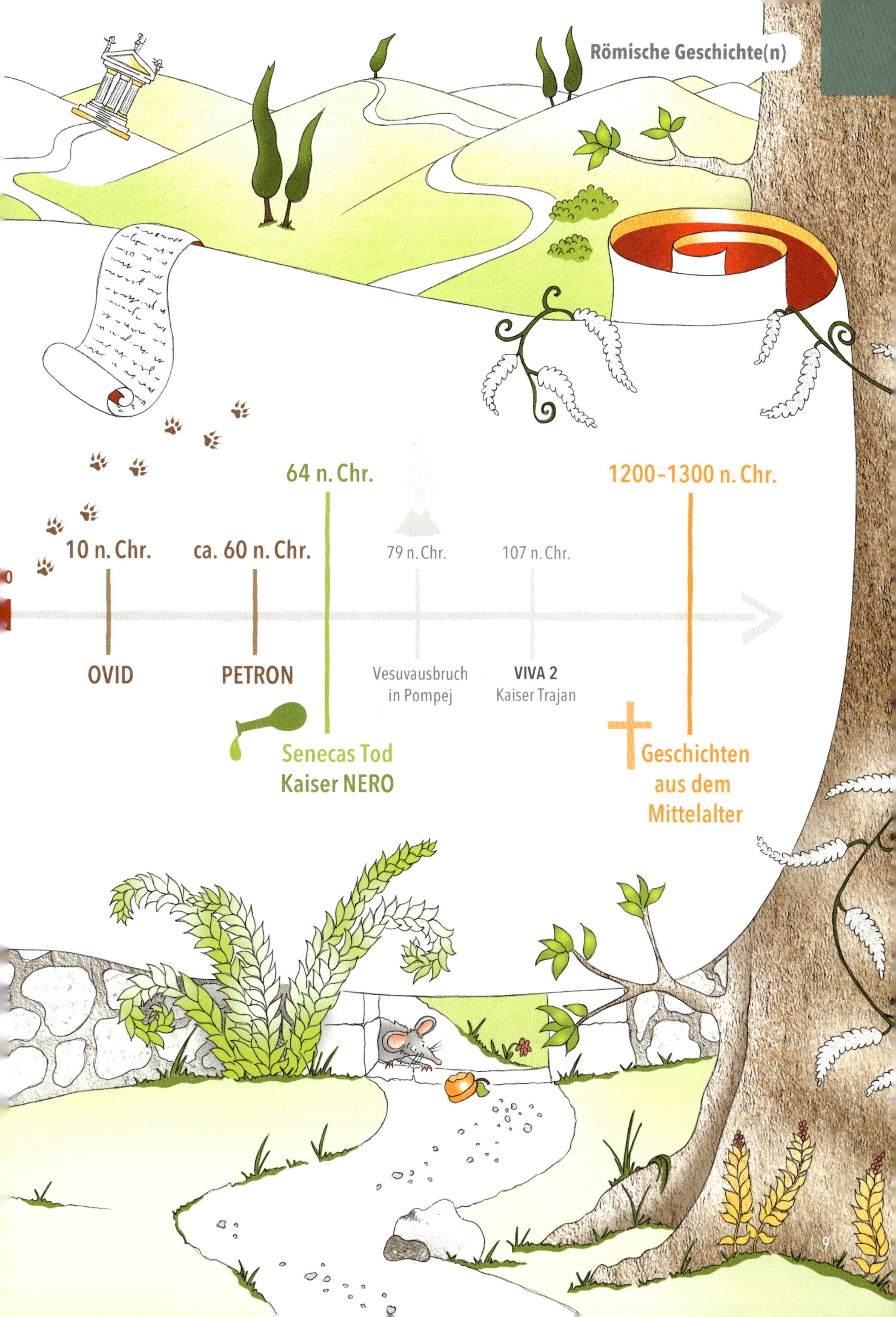

10 n. Chr.
OVID
ca. 60 n. Chr.
PETRON
64 n. Chr.
Senecas Tod
Kaiser NERO
79 n. Chr.
Vesuvausbruch
in Pompej
107 n. Chr.
VIVA 2
Kaiser Trajan
1200–1300 n. Chr.
Geschichten
aus dem
Mittelalter

Und es lohnt sich doch ...

Niemand hätte auch nur einen Pfifferling für das Leben des Sextus Roscius gegeben. Des Mordes an seinem Vater angeklagt, drohte ihm die Todesstrafe. Und da hinter der Anklage politisch sehr einflussreiche und gefährliche Männer steckten, wollte natürlich niemand die Verteidigung übernehmen. Doch seit der *causa Sexti Roscii* haben außergewöhnliches Redetalent, juristischer Sachverstand, klug getimte, scharfsinnige Argumentation, Ehrgeiz und Mut wieder einen Namen – Cicero!

1 Beschreibe die einzelnen Bilder und bringe sie in Verbindung mit der *causa Sexti Roscii*.

①

②

1, 2, 3: aus dem Film »Murder in Rome«, © BBC

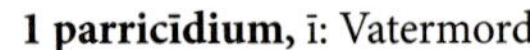

Mord in Rom

Der junge Anwalt Cicero hat sich bei Caecilia Metella, einer wohlhabenden Römerin, eingefunden. Bei ihr zu Gast ist Sextus Roscius aus Ameria, dessen Vater kürzlich ermordet wurde.

Cicero: Mortem patris vindicāre et auctōrēs caedis in crīmen vocāre parās. Exīstimem tē iam suspīciōnem habēre?

Sextus: Egō ipse accūsor.

Cicero: Num parricīdiī[1] accūsāris? Quis hoc crēdat?

Metella: Sextus Rōscius māior necātus et posteā prōscrīptus[2] est et bona eius minimō[3] vēndita sunt.

Cicero: Rēs difficilis est! Quam ob rem egō patrōnus hanc causam suscipiam? Sunt tot magnī ōrātōrēs, tot nōbilēs virī, quibus neque aetāte neque ingeniō neque auctōritāte aequus sum.

Sextus: Aliī iniūriam dēfendere nōn audent.

Metella: Tempora inīqua sunt. Cōnstat Sullam[4] hostēs suōs palam necāre. Iī autem, quibus favet, aliōrum bonīs facultātēs suās augent.

Sextus: Apertē dīcāmus: Causa agitur ā Chrȳsogonō[5], virō improbō atque crūdēlī, et quī plūrimum potest apud Sullam. Chrȳsogonus nunc falsō crīmine bona patris meī tenet.

Cicero: Cūr ergō aliquis tantō perīculō sē offerre[6] audeat?

Metella: Id, quod venit in iūdicium, nōn sōlum est caedēs: Rē vērā agitur dē iūre et bonō tōtīus cīvitātis! Agitur dē īnstitūtīs reī pūblicae Rōmānae!

1 **parricīdium,** ī: Vatermord

2 **prōscrībere,** -scrībō, -scrīpsī, -scrīptum: proskribieren; ächten

3 **minimō:** *hier:* zu einem ganz geringen Preis

4 **Sulla,** ae *m.*: Sulla *(nach einem blutigen Bürgerkrieg in den Jahren 82–79 v. Chr. dictator in Rom; seiner Schreckensherrschaft und der politischen Säuberung durch die Proskriptionen fielen tausende Senatoren zum Opfer)*

5 **Chrȳsogonus,** ī: Chrysogonus *(Günstling Sullas)*

6 **sē offerre:** sich aussetzen; entgegen treten

1 **Stelle aus dem Text Wörter aus dem Sachfeld »Recht/Prozess« zusammen.**

2 **Beschreibe die Situation, in der sich Sextus Roscius befindet.**

3 **Arbeite die Gründe heraus, warum bisher kein Anwalt die Verteidigung von Sextus Roscius angenommen hat, und belege deine Antworten am Text.**

4 **Würdet ihr Cicero raten, den Fall anzunehmen? Stellt Argumente dafür und dagegen zusammen und diskutiert in der Klasse.**

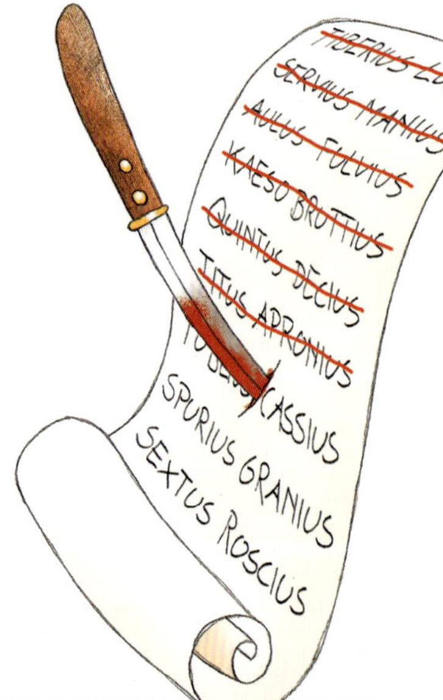

Proskription

Schriftliche Bekanntmachung, öffentliche Ausbietung zum Verkaufe, öffentlicher Anschlag, Achtserklärung: So lauten die Übersetzungsmöglichkeiten für *proscriptio* in einem alten Wörterbuch. Und damit ist eigentlich auch schon alles gesagt: Wessen Name auf den *tabulae proscriptionum* stand, der galt als vogelfrei. Er verlor nicht nur sein Vermögen, sondern durfte auch ungestraft von jedermann getötet werden. Dieses Verfahren hatte sich der Diktator Sulla ausgedacht, um seine politischen Gegner auszuschalten. In den Jahren 82/81 v. Chr. fielen zahlreiche Adlige der Proskription zum Opfer. Andere wurden durch sie reich. Denn wer einen »Feind« anzeigte, erhielt Teile von dessen Vermögen oder konnte sie sich – wie im Fall des Chrysogonus – zu einem Spottpreis unter den Nagel reißen.

*Böse Intrigen?

Anschließend fasst Sextus Roscius noch einmal für Cicero zusammen, was seit dem Mord an seinem Vater geschehen ist.

»Cum domī essem et rēs *familiārēs* cūrārem, Rōmae caesus est ad balneās[1] pater meus.

Hōc audītō Chrȳsogonus nōmen[2] patris mortuī in tabulās rettulit[3], ut bona nostra raperet. Tum cum aliīs improbīs in vīllam nostram invāsit[4], mē nūdum[5] domō pepulit.

Sed cum Amerīnī[6] id iūstum nōn esse putārent, L. Sullam adīre dēcrēvērunt, ut docērent eum, quam nōbilis Sextus Rōscius fuisset.

Sed Sullam ipsum nōn convēnērunt – Chrȳsogonus eōs excēpit et prōmīsit sē omnia Sullae dictūrum esse[7].

Amerīnī[8], cum patrem bene dēfēnsum crēderent, domum rediērunt. Falsī autem Sullae prōcūrātōrēs[8] nihil ēgērunt nisī mortem meam appetīvērunt. Quam ob rem ad Metellam *amīcam* properāvī et cum eā dēlīberāvī:

›Virī improbī mē in iūdicium vocāvērunt. Quid faciam?‹

Metella: ›Patrōnum optimum petāmus!‹«

1 balneae, ārum *f.*: Badeanstalt

2 nōmen, nōminis *n.*: Name

3 in tabulās referre: auf die Proskriptionsliste setzen

4 invādere in, invādō, invāsī, invāsum: eindringen

5 nūdus, a, um: nackt

6 Amerīnī, ōrum *m.*: Bewohner von Ameria

7 dictūrum esse: sagen wird *(Infinitiv Futur)*

8 prōcūrātor, ōris *m.*: Verwalter, Bevollmächtigter

1 **Nenne alle Verbrechen, die Roscius Chrysogonus und seinen Helfern vorwirft.**

2 **Erläutere, weswegen sich eine Gesandtschaft der Ameriner an Sulla wendet. Warum hat sie keinen Erfolg?**

36 Ein spektakulärer Mordprozess

1 Roscius sucht Rat bei Metella
Übersetze und beschreibe dann die neuen Konjunktivfunktionen.

Sextus Roscius ad Metellam *amicam* fugit.
R: »Magno in periculo sum. Quid faciam?«
M: »Auxilium a patrono[1] optimo petamus! Ciceronem adeamus!«
R: »Causam agere audeam? An[2] fugiam?«
M: »Noli timere[3]! Fortunam amico credamus!«

1 patronus, i: Anwalt – **2 an:** oder – **3 noli timere:** fürchte dich nicht

2 Welche Möglichkeiten hat Roscius?
Übersetze und beschreibe dann die neue Konjunktivfunktion.

Roscius innocentiam suam ostendere debet.
Se ipsum defendat.
Aut oratorem[1] bonum adhibeat.
Auxilium amicorum petat.
Alioquin[2] spem omnino amittat.
Fortasse vitam servare non possit, sed fortasse res bene eveniat.

1 orator: Redner – **2 alioquin** *(Adv.):* andernfalls

3 Wortfix: Nenne zu jedem Bild das entsprechende lateinische Wort.

4 Wortfamilien. Ordne verwandte Wörter einander zu und nenne die Bedeutung.

a) auctor	A) caedes
b) iudicium	B) mors
c) sceleratus	C) iudicare
d) caedere	D) auctoritas
e) mortuus	E) scelus

5 | 1 Für Sprachforscher: Vergleiche und erkläre, was die Vorsilbe bewirkt.

probus, a, um – improbus, a, um
dignus, a, um – indignus, a um
aequus, a, um – iniquus, a, um

2 Erschließe die Bedeutung folgender Adjektive.

a) impius – b) immortalis – c) iniustus – d) infidus – e) invalidus

6 causa – Übersetze und wähle jeweils die passende Bedeutung.

Cicero e Roscio quaerit, qua de causa accusetur. Roscius ei causam proponit. Nam nonnullis diebus post causa in foro agetur. Roscium in ea causa bene defendi necesse erit. Quis ergo causam dicat? Tandem Cicero causam suscipit.

7 Für Sprachforscher: Berufe
Führe auf ein Verb zurück und erschließe die Bedeutung des Substantivs.

imperator → imperare → jemand, der befiehlt → Befehlshaber; Herrscher

a) accusator – b) defensor – c) narrator – d) victor – e) actor – f) vindicator/vindex

8 | 1 Konjunktiv Präsens
Nenne die Grundform und die Konjugation.
2 Erkläre, wie der Konjunktiv Präsens gebildet wird.

a) clamet – accuset – deliberet – appellet
b) moveat – habeat – teneat – valeat – doceat
c) eveniat – aperiat – audiat – comperiat
d) laedat – committat – suscipiat – caedat

9 Konjunktive bilden: Ergänze die Tabelle.

Indikativ Präsens	Konjunktiv Präsens
a) vindicant	
b) parant	
c) monent	
d) student	
e) defendunt	
f) credunt	

10 | 1 Verben ordnen: Bilde die Grundform und nenne die Konjugation.
2 Entscheide: Indikativ oder Konjunktiv?

a) diligatur – constat – teneas
b) existimem – agitur – necatur
c) accusor – augent – suscipiam
d) potest – dicamus – audet
e) faveamus – venis – defendat

11 Konjunktiv-Wippe: Bilde jeweils zu den Indikativ-Formen den Konjunktiv und umgekehrt.

a) vocat –
b) excito –
c) student –
d) habes –
e) munio –
f) sumus –
g) petat –
h) ponamus –
i) optes –
j) ducatur –
k) mittatur –
l) accuser –

12 Wortpaare: Bestimme KNG und ordne die Übersetzung zu.

A alicui viro	a irgendwelchen Sachen
B aliquae mulieres	b irgendeines Jungen
C aliquibus rebus	c irgendwelche Sklaven
D alicuius pueri	d irgendeinem Mann
E aliquos servos	e aus irgendeinem Grund
F aliqua de causa	f irgendwelche Frauen

13 Ich sehe wen, wer ist das nur? Übersetze.

Aliquem video. – Quem vides? – Video aliquem virum, qui ad forum contendit. – Qua de causa currit? – Ignoro. – Ex aliquo quaerere debemus. – Aliquos viros adeamus, ut rem cognoscamus! Aut cum aliquibus in forum properemus. Ibi aliquos conveniamus. Veni mecum!

14 Cicero grübelt vor seinem ersten Prozess: Übersetze und bestimme die Funktion des Konjunktivs im Hauptsatz.

Quid faciam? Adhuc officia multa non praestiti. Ergo ego cum aliis oratoribus comparer? Audaciorem[1] me praebeam quam alii? Ingentem laudem cupiam?
Fortasse causam Sexti Roscii suscipiam. Certe a vulgo laudabor. Itaque innocentiam huius hominis defendamus, ex iniuria eum eripiamus, vitam eius servemus!

1 audacior: mutiger

37 Ein spektakulärer Mordprozess

Cui bono?

Das Forum ist voll von Schaulustigen: Heute findet ein spektakulärer Mordprozess statt. Der junge Redner Cicero hat die scheinbar aussichtslose Aufgabe übernommen, Sextus Roscius zu verteidigen.

»Certē mīrāminī[1], iūdicēs, cūr egō ipse Sextum Rōscium dēfendam. Vērō – minimō perīculō dīcere possim. Ad causam accessī, ut prō iūre innocentis agerem. Utinam hīs temporibus adversīs iūstitia vincat!

Accūsātōrēs contendunt reum patrem mediā nocte Rōmae necāvisse. Scīlicet Roscius patrem necāvit! Ameriae[2] sē tenuit, ubī bona patris fīdēliter administrāvit.

Et cūr patrem necāvit? Num cupidus hērēditātis[3] vel bonōrum patris erat? At eō occīsō Rōscius omnia āmīsit! Nam pater post mortem prōscrīptus[4] est et bona eius arrepta sunt.

Potius quaerāmus, cui bonō[5] scelus fuerit! Trēs virī ē facinore improbō lucrum fēcērunt: Chrȳsogonus[6], quī nunc possessiōnēs necātī habet, item Magnus[7] et Capito[7], quī in grātiā eius sunt.

Utinam pecūniā Sextī Rōsciī contentus essēs, Chrȳsogone! Nunc etiam vītam et sanguinem fīliī petis.

Bonīs fortunīsque, iūdicēs, Sextus Rōscius iam spoliātus est – et sortem fert. Vīta autem ei restet! Nē crūdēlitātem probāveritis! Nēve permīseritis, ut hūmānitātem ex animīs āmittāmus!«

1 **mīrāminī:** ihr wundert euch

2 **Ameria,** ae: *Stadt in Umbrien und Heimat von Sextus Roscius*

3 **hērēditās,** tātis *f.*: Erbschaft

4 **prōscrībere,** -scrībō, -scrīpsī, -scrīptum: proskribieren; ächten

5 **cui bonō:** wem zum Vorteil?

6 **Chrȳsogonus,** ī: Chrysogonus *(Günstling Sullas, der Roscius auf die Proskriptionsliste setzte)*

7 **Magnus, Capito:** Titus Roscius Magnus und Titus Roscius Capito *(Verwandte des Ermordeten, die mit ihm in Vermögensstreitigkeiten verwickelt waren)*

1. **Lies den Einleitungstext und beschreibe das Bild. Überlege, welche Textsorte du erwartest und welche sprachlichen Merkmale dir begegnen könnten.**
2. **Nenne die Argumente, mit denen Cicero die Richter von Roscius' Unschuld überzeugen will.**
3. **Erkläre den Ausspruch »Cui bono?«, mit dem Cicero in seiner Rede argumentiert.**

Grundwissen: Forum Romanum

Das Forum Romanum – mit seinen Tempeln, Markt- und Gerichtshallen *(basilicae)*, der Kurie *(curia)* und der Rednerbühne bildete es das politische, religiöse und wirtschaftliche Zentrum Roms: Hier fand das öffentliche Leben der Römer statt.
Dazu gehörten neben den Senatssitzungen in der Kurie auch Gerichtsprozesse. Denn in Rom wurde öffentlich auf dem Forum prozessiert. Unser deutsches Wort *forensisch* = *gerichtlich* hat hier seinen Ursprung. Kläger und Verteidiger versuchten, durch geschickt gestaltete Reden die Gegenseite argumentativ auszustechen und die Zuhörer auf ihre Seite zu ziehen. Das erforderte neben guter Recherche sprachliches und schauspielerisches Talent. Ein guter Vortrag konnte damit die richterliche Entscheidung maßgeblich beeinflussen!

*Nur wer wagt, gewinnt!

Die Verteidigung von Sextus Roscius ist gefährlich – schließlich ist Chrysogonus, der Drahtzieher des Verbrechens, ein Günstling des mächtigen Sulla. Und den will Cicero keinesfalls gegen sich aufbringen … Kann das gelingen?

»Veniō nunc ad illud nōmen[1] aureum[2] Chrȳsogonī[3], sub quō nōmine[1] tōtum facinus latuit. Dē quō, iūdicēs, nesciō, quōmodō dīcam aut quōmodō taceam. Sī enim taceō, certē maximam partem relinquō; sīn autem dīcō, timeō, nē aliī quoque laesōs esse sē putent.

At tamen nē caput sceleris neglēxeritis! In quem[4] hoc dīcam, quaeritis? Nōn in Sullam, ut putātis. Nam nē ille reus sit!

Egō Chrȳsogonum haec omnia fēcisse dīcō:

Ille patrem malum cīvem fuisse fīnxit.

Ille eum ā fīliō occīsum esse dīxit.

Ille lēgātōs[5] Amerīnōrum[6] prohibuit, nē Lūcium Sullam hīs dē rēbus docērent. Utinam lēgātī[5] nūntium trādidissent!

Omnēs sciunt multōs multa scelera commīsisse Sullā nōn probante.«

1 nōmen, nōminis *n.:* Name

2 aureus, a, um: golden

3 Chrȳsogonus: *der Name bedeutet »von goldener Abstammung«*

4 in quem: *hier:* gegen wen

5 lēgātus, ī: Gesandter

6 Amerīnī, ōrum *m.:* die Ameriner *(Bewohner von Ameria, des Heimatortes von Sextus Roscius)*

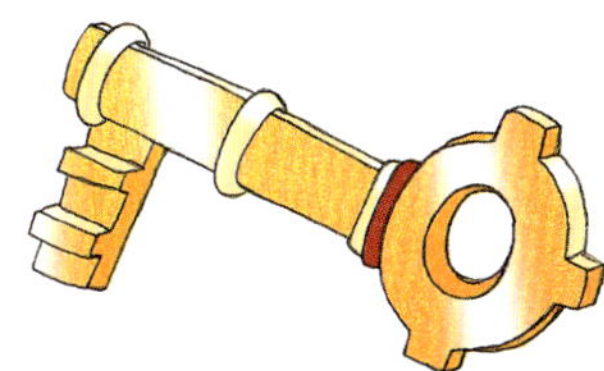

1 **Erkläre, warum der Verdacht einer Verwicklung Sullas in das Verbrechen bestehen könnte.**

2 **Nimm die Perspektive Sullas ein: Fühlst du dich angegriffen? Begründe.**

37 Ein spektakulärer Mordprozess

1 Ciceros Wünsche für angehende Redner
Übersetze und beschreibe dann die neue Konjunktivfunktion.

a) Utinam boni oratores temporibus nostris inveniantur! Utinam quam plurimi[1] sint!
b) Utinam iuvenes artem dicendi[2] discant!
c) Utinam omnes in iudicio sapientiam adhibeant!
d) Animos hominum commoveant! Rem ad finem bonum ducant.

1 quam plurimi: möglichst viele – **2 ars dicendi:** Redekunst

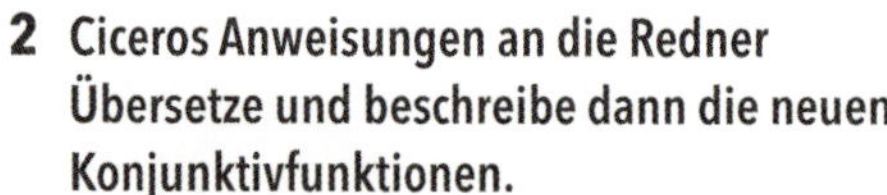

2 Ciceros Anweisungen an die Redner
Übersetze und beschreibe dann die neuen Konjunktivfunktionen.

Orator bonus semper maximae eloquentiae studeat! Sed non solum hominibus persuadeat: Etiam multas alias res sciat! Ante orationem deliberet! Verba eius plena sapientiae sint!

Und an den Redner gewandt:

»Ne erraveris!
Numquam desieris studere!
Ne animos hominum ad iram duxeris!«

3 Wortfix: Nenne zu jedem Bild das entsprechende lateinische Wort.

4 Für Sprachforscher: Was bedeuten wohl folgende Wörter? Nenne die lateinischen Ursprungswörter und ihre Bedeutung.

Englisch: to possess – to permit – justice – innocent – to accuse – to prove
Französisch: le sort – se tenir – le juge – administration – accuser – la preuve

5 Wörter umschreiben: Nenne das gesuchte Wort mit seiner deutschen Bedeutung.

qui culpam non habet: _ _ _ _ _ _ _ _
bona, quae aliquis habet: _ _ _ _ _ _ _ _ _ _
bona rapere: _ _ _ _ _ _ _ _
aliquo loco esse: _ _ _ _ _ _ _ _
fidus/probus: _ _ _ _ _ _ _
necare: _ _ _ _ _ _ _ _

6 Eselsbrücken
Lies dir den Text »Cui bono?« durch und notiere alle Vokabeln, die du nicht mehr weißt. Ermittle die Grundform und frage deinen Partner nach der Bedeutung oder schlage nach. Überlegt euch gemeinsam Eselsbrücken für diese Wörter.

7 | 1 Fragewörter: Nenne die Bedeutung.
2 Übersetze und beantworte die Fragen.

Quis Sextum Roscium accusat?
Quam ob rem ille accusatur?
Ubi causa agitur?
Cur Cicero reum defendit?
Quomodo Cicero reum defendit?

8 **Sachfelder: Welches Wort passt inhaltlich nicht? Begründe deine Entscheidung.**

a) nox – dies – lucrum – annus
b) improbus – fidelis – probus – angustus
c) facinus – sors – crimen – caedes
d) arripere – spoliare – probare – capere
e) orator – comparare – defendere – reus

9 **Tabu!**
Bildet Zweierteams. Immer abwechselnd erklärt einer von euch seinem Partner einen Begriff zu Konjunktiven im HS und NS, ohne diesen zu nennen. Für jeden erratenen (Fach-)Begriff gibt es einen Punkt. Welches Team gewinnt?

»Drückt einen Wunsch aus.« – Antwort: …

10 **Welcher Konjunktiv ist das?**
Jede Reihe enthält Konjunktivformen in einem anderen Tempus. Bestimme sie und benenne, woran du die Form erkennst.

a) vincat – videat – laudet – sit
b) fecisset – spoliavissemus – fuissent
c) permiseritis – necaverint – tulerit
d) agerem – esses – mitteres – ferretur

11 **Konjunktiv-Formen: Ergänze die Tabelle**

	Konj. Präs.	Konj. Imp.	Konj. Perf.	Konj. Plqpf.
clamat				
laudas				
capio				
dicitis				
sum				

12 **Rechtsgrundsätze. Übersetze.**

a) Audiatur et altera pars!
b) Apud iudices summa iustitia sit!
c) Verba audiantur, facta[1] videantur!
d) Scelus potius toleretur quam committatur!
e) Qui dedit beneficium, taceat!

1 **facta,** orum *n. Pl.*: Taten

13 **Wünsche des Publikums. Übersetze.**

a) Utinam iustitia vincat!
b) Utinam iudicium aequum dicatur!
c) Utinam vita rei servetur!
d) Utinam crimina Sullae vindicarentur!
e) Utinam ne Sextus maior necatus esset!

14 **Ciceros Appelle. Übersetze.**

a) Ne hominem falsum accusaveritis, iudices!
b) Ne accusationem[1] falsam acceperitis!
c) Ne civem probum possessione spoliaveritis!
d) Ne innocentem puniveritis!

1 **accusatio,** ionis *f.*: Anklage(schrift)

15 **Der Tag des Prozesses**
Markiere den Abl. abs. mit einer Klammer, bestimme das Zeitverhältnis und übersetze.

Die cognitionis[1] constituto Sextus paene desperat. Sed Cicerone auctore iterum sperare audet. Turba in foro audiente causa agitur. Causa ab accusatore dicta Cicero reum oratione magna atque audaci defendit. Tandem iudicium dicitur: Innocentia rei probata populus gaudet.

1 **cognitio,** ionis *f.*: gerichtliche Untersuchung

1 Ähnlich finstere Gassen gab es auch im alten Rom.

In ius vocare – vor Gericht laden

Wo Menschen zusammenleben, sind Streitigkeiten vorprogrammiert. Lassen sich diese nicht lösen, zieht man nötigenfalls vor Gericht und überlässt einem Richter die Entscheidung.

Grundwissen: Zivil- und Strafrecht

Man unterscheidet heute zwischen Zivil- und Strafrecht. Im Zivilrecht verhandeln die Parteien direkt; im Strafrecht ermittelt die Polizei den möglichen Täter und arbeitet so dem Staatsanwalt zu. Dann erhebt der Staatsanwalt im Auftrag des Staates Anklage.

Den Unterschied zwischen Zivil- und Strafrecht kannte auch die römische Prozessordnung. Es gab aber **keine staatliche Strafverfolgung:** Geschah ein Verbrechen, so musste jemand privat den Schuldigen finden und verklagen.

Kriminalität und Verbrechensbekämpfung

Die Kriminalitätsrate in Rom war sehr hoch. Raub, nächtliche Überfälle, Einbrüche und Geldfälscherei waren an der Tagesordnung. Man vermied es, nachts alleine durch die engen Gassen Roms zu ziehen. Wer konnte, sicherte seinen Besitz mit Schlössern, Gittern vor den Fenstern und scharf abgerichteten Hunden.

Nur wenige Verbrechen wurden aufgeklärt. Denn nur selten konnten die Betroffenen den richtigen Täter ausfindig machen und seine Schuld beweisen. Die Geschädigten versuchten deshalb, mit Flüchen den Tätern zu schaden. Auf kleinen Täfelchen baten sie die Götter, Bösewichte für ungesühnte Verbrechen zu bestrafen.

Dafür waren die Strafen für Verbrecher, die man dingfest gemacht hatte, sehr hart. Je nach Schwere des Verbrechens verhängte das Gericht sogar die Todesstrafe.

Grundwissen: Der Gerichtsprozess

Wenn man jemanden verdächtigte und verklagen wollte, meldete man dies beim **Prätor** an, der den Prozessvorsitz führte. In der Regel traten die Betroffenen auch bei Strafprozessen selbst als Verteidiger oder Kläger vor den **Geschworenen** ***(iudices)*** auf dem Forum auf.

Oft übernahmen aber auch rhetorisch geschulte Gerichtsredner diese Aufgabe. Der Ausgang eines Prozesses hing wesentlich davon ab, wie sich ein Redner vor den Geschworenen präsentierte. So hat Sextus Roscius seinen Freispruch vor allem dem brillanten Vortrag Ciceros zu verdanken. Denn Cicero deckte nicht nur die Motive der Kläger auf, sondern präsentierte am Ende auch die wahren Mörder. Seine Rede ist ein Musterbeispiel für eine gut strukturierte Gerichtsrede.

2 Mosaik aus Pompeji mit der Aufschrift: *cave canem.*

Ciceros Verteidigungsrede für Roscius

Exordium: Obwohl es sich um einen politischen Prozess in schwieriger Zeit handelt, appelliert Cicero an die Geschworenen, mutig für Sextus

Roscius einzutreten. In den Fall ist nämlich auch Sullas enger Vertrauter Chrysogonus verstrickt. Cicero ist überzeugt, dass hier ein Justizmord geplant ist. Er schildert den genauen Sachverhalt und bittet um sorgfältige Überprüfung des Falles.

Narratio: Cicero beleuchtet die Hintergründe der Anklage. Neid und Habgier zweier Verwandter seien das wahre Motiv für die Ermordung des älteren Sextus Roscius. Nun sei dieser sogar nachträglich auf die Proskriptionsliste gesetzt und der Sohn seines väterlichen Erbes beraubt worden. Dabei habe Sextus Roscius d. Ä. all die Jahre unbehelligt in Rom gelebt, ohne je Sullas Misstrauen zu wecken.

Argumentatio: Cicero deckt Ungereimtheiten und Widersprüche der Anklage auf. Der ältere Sextus Roscius habe seinen Sohn enterben wollen und sei deswegen von ihm ermordet worden. Das sei blanker Unsinn, denn der Sohn verwalte schon seit Jahren die Landgüter. Am Ende entlarvt Cicero die Verwandten des älteren Sextus Roscius und Chrysogonus als Drahtzieher der Tat.

Peroratio: Cicero bittet die Geschworenen, die Argumente beider Seiten sorgfältig abzuwägen, damit das Urteil wirklich gerecht ausfällt.

3 Vergittertes Fenster aus Herculaneum.

1 **Informiere dich über die aktuelle deutsche Strafverfolgung, vom Ermittlungsverfahren bis zum Prozess.**

2 **Vergleiche das moderne Verfahren mit dem antiken.**

3 **Informiert euch im Internet genauer über den Fall des Sextus Roscius Amerinus und spielt den Prozess in der Klasse nach.**

4 Blick aufs Forum Romanum mit der Rednerbühne *(Rostra)* rechts vom Triumphbogen

Alles eine Frage des Stils

Eine Rede kann ganz schön langweilig sein – aber auch spannend, mitreißend, witzig. Das hängt davon ab, wie stilvoll sie ist. Wir bezeichnen es z. B. als guten Stil, wenn ein Text sinnvoll gegliedert, flüssig lesbar und ansprechend gestaltet ist.

Besonders ansprechend wird ein Text, wenn er noch sogenannte Stilmittel enthält. Die Römer liebten solche Stilmittel. Sie setzten sie immer wieder gerne ein. Denn mit diesen Kunstkniffen gelingt es z. B. einem Redner, seine Zuhörer zu beeinflussen und ihre Aufmerksamkeit auf das zu lenken, was ihm besonders wichtig ist. Wenn du einen lateinischen Text interpretierst, dann achte darauf, ob du irgendwelche Stilfiguren findest. Meist wirst du fündig. Versprochen!

Diese kleine Zusammenstellung soll dir bei deiner Suche etwas helfen:

1. Das erste ist eine kleine Mathematikaufgabe: 1 : 2, also eins durch zwei, auf Griech. **Hendiadyoin:** Eine Sache wird durch zwei ähnliche Begriffe ausgedrückt, die sich inhaltlich ergänzen. Das Hendiadyoin wird oft benutzt, um eine besondere Intensität zum Ausdruck zu bringen, z. B. *Angst und Bange (metus timorque).*

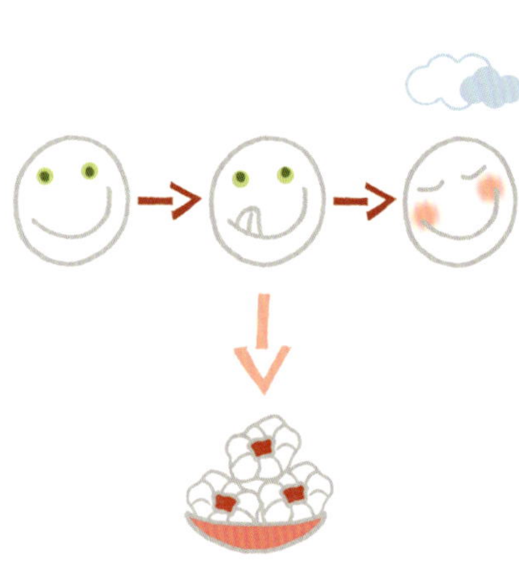

2. Erstens, zweitens, drittens: Wir Menschen zählen am liebsten bis drei. Die Drei ist eine ausgewogene Zahl. Daher benutzten die Römer gern das **Trikolon,** d. h. eine Aufzählung mit drei Gliedern. Das ist übersichtlich und man kann gut folgen.
   Oft wird diese Aufzählung verbunden mit einer **Klimax** (Steigerung); noch wirkungsvoller wird es, wenn die Aufzählung **asyndetisch** aufgebaut ist – die Glieder also nicht mit »und« verbunden werden, sondern unverbunden nebeneinanderstehen. Ein asyndetisches Trikolon mit Klimax kennt jeder: *veni, vidi, vici.*
   Das Trikolon funktioniert natürlich auch im Deutschen:
   Die Pralinen sind gut (1), köstlich (2), einfach himmlisch (3)!

3. Merry X-mas – fröhliche Weihnachten: Aber was haben Stilmittel mit Weihnachten zu tun? Ganz einfach: Korrekt gesprochen heißt »Merry X-mas« Merry Christmas. Das X steht für den griechischen Buchstaben Chi, den Anfangsbuchstaben von Christ.
   Unser Stilmittel heißt **Chiasmus** – oder, wenn du so willst, X-asmus: Zwei Satzteile sind über Kreuz (X) angeordnet. Hört sich kompliziert an, ist aber ganz einfach. Hier ein Beispiel:

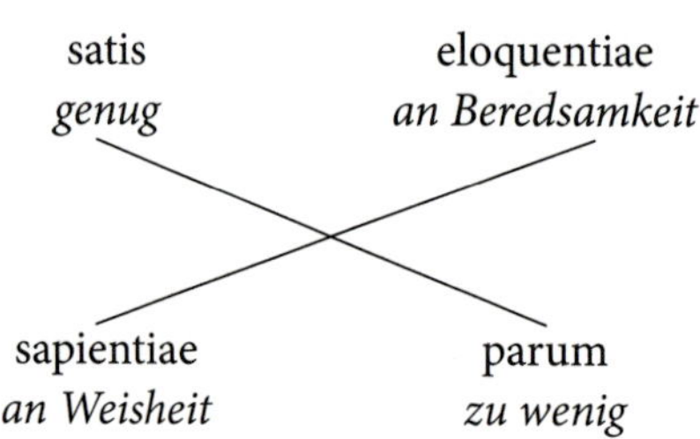

4. Die **Alliteration**, also die Reihung von mehreren Wörtern mit dem gleichen Anfangslaut, ist im Deutschen und im Lateinischen gleichermaßen beliebt. Man kennt sie auch aus Zungenbrechern: *Fischers Fritz fischt frische Fische, frische Fische fischt Fischers Fritz.*
   Nicht immer tritt die Alliteration so gehäuft auf, manchmal besteht sie auch nur aus zwei oder, wie in dem berühmten Zitat *veni, vidi, vici,* aus drei Wörtern.

5. *Non ignorare* – nicht nicht kennen → genau kennen: Dieses Stilmittel kennst du schon vom Wörterlernen. Es heißt **Litotes** und ist eine doppelte Verneinung. Man setzt sie gerne ein, um eine Aussage zu verstärken. Das machen wir auch im Deutschen: Wenn z. B. etwas *nicht schlecht* ist, wollen wir die eigentliche Aussage nicht nur verstärken, sondern in der Formulierung schwingt auch eine gewisse Bewunderung mit.

6. Mehrere Sätze oder Satzteile mit dem gleichen Wort beginnen zu lassen, ist ebenfalls sehr wirkungsvoll. Dieses Stilmittel heißt **Anapher.**
   Die Anapher ist oft mit einem **Parallelismus** verbunden. Beim Parallelismus sind die Sätze oder Satzglieder gleich oder sehr ähnlich aufgebaut.
7. Zum Schluss lernst du noch die **pars pro toto** und die **Personifikation** kennen. Beides kommt ebenfalls recht häufig vor.
   Die **pars pro toto** bezeichnet den Teil eines Ganzen und steht stellvertretend für dieses Ganze. So heißt im Lateinischen *tectum = Dach* auch *Haus.* Im Deutschen sprechen auch wir bisweilen von einem *Dach über dem Kopf,* wenn wir ein Haus oder eine Wohnung meinen.
   Außerdem können wir auch Gegenstände zu Personen erheben, etwa wenn wir sagen: *Das Meer liegt da* oder *Die Gerechtigkeit möge siegen (iustitia vincat).* Dieses Stilmittel heißt **Personifikation**. Bei einer Personifikation wird also aus einem Gegenstand eine (lebende) Person.

Das Meer liegt ...
Das Meer sieht ..., das Meer ist ...

1 Im folgenden Text kommen alle Stilmittel vor. Suche und benenne sie.

Die ganze Stadt ist auf den Beinen. Der Retter und Bewahrer Roms zieht im Triumphzug ein. Das stolze Heer, da kommt es daher. Die Menschen sind Feuer und Flamme: Seht den goldenen Glanz der Feldzeichen! Seht den herrlichen Triumphwagen! Seht den strahlenden Feldherrn! Besiegt der Feind, die Schlacht gewonnen!

Das habe ich gelernt:

Stilmittel tragen dazu bei, einen Text ansprechender zu gestalten. Sie lenken die Aufmerksamkeit auf das, was dem Autor besonders wichtig ist. Für die Interpretation lateinischer Texte ist die Kenntnis von Stilmitteln deshalb sehr hilfreich.

Ein spektakulärer Mordprozess

1 Mutter Latein und ihre Töchter - Italienisch
Die italienische Wikipedia-Seite bietet eine Zusammenfassung von Ciceros Rede »Pro Sex. Roscio«.
Leite die unterstrichenen Wörter von ihren lateinischen Ursprungswörtern her.
Die deutsche Fassung hilft dir.

Pro Sex. Roscio Amerino, <u>orazione</u> di <u>difesa</u>, è la <u>prima</u> arringa di Cicerone in un processo per <u>omicidio</u>. Sesto Roscio era <u>accusato</u> di <u>parricidio</u>. Cicerone <u>ottenne</u> l'as-<u>soluzione</u>.

Pro Sex. Roscio Amerino, Verteidigungsrede vor Gericht, ist Ciceros erstes Plädoyer in einem Mordprozess. Sextus Roscius war des Vatermordes angeklagt. Cicero erreichte einen Freispruch.

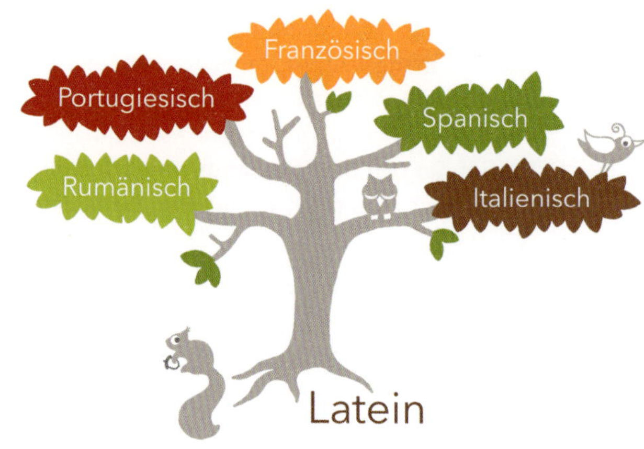

2 Sachfelder: Welches Wort passt inhaltlich nicht? Begründe deine Entscheidung.

a) facinus – crimen – aetas – caedes
b) potestas – suspicio – opes – auctoritas
c) permittere – occidere – spoliare – rapere
d) agere – accusare – defendere – arripere

3 Sachfelder
Erstelle eine Mindmap mit lateinischen Wörtern zu einem der folgenden Themen:

a) Prozess	b) Tod
c) Rede	d) Politik

4 Für Sprachforscher
Führe die Fremdwörter auf ihre lateinischen Ursprungswörter zurück.

An der *juristischen Fakultät* hält ein *Dozent* ein Referat: Der *Kriminalist* betont, dass immer wieder Vertreter der *Administration* in Verbrechen verstrickt sind. Er führt aus, dass die *Akteure* der Politik *Kredit* verlören, weil Betrug *lukrativer* als Ehrlichkeit sei. Die staatlichen *Institutionen* müssten deshalb *probate* Gegenmittel *parat* haben, um ihre *Autorität* zu wahren. Die *Majorität* der Bevölkerung erwarte vor allem von der *Justiz*, dass alle *kriminellen* Handlungen in öffentlichen, für das *Publikum* zugänglichen Prozessen *adäquat* bestraft würden.

5 | 1 Fachsprache: Nebensätze
Du kennst temporale, kausale, kondizionale, konzessive und finale Nebensätze. Leite möglichst viele dieser Bezeichnungen von ihrem lateinischen Ursprungswort ab.

2 Ordne die deutschen Nebensatzeinleitungen den Satzarten zu. Überlege dir jeweils einen deutschen Beispielsatz.

als – weil – obwohl – nachdem – wenn nicht – damit

3 Gib lateinische Subjunktionen an, die solche Nebensätze einleiten.

6 | 1 Indikativ oder Konjunktiv? Bestimme die Formen.

2 Bilde jeweils auch den anderen Modus.

a) administret – permittas – occidunt
b) teneret – restabamus – arriperem
c) accusaverunt – vindicavi – egeris
d) probavissetis – potueras – paravissent

7 Vorsicht Verwechslung! Überlege, bei welchen Konjugationen Futur und Konjunktiv Präsens recht ähnlich sind. Bilde die fehlenden Formen.

Ind. Präs.	Konj. Präs.	Ind. Futur
probat		
		tenebis
		quaeretis
agunt		

8 Konjunktiv im Hauptsatz: Benenne die Funktion des Konjunktivs und übersetze.

a) Quid faciamus?
b) Utinam nemo me hic viderit.
c) Ne scelus nefarium probaveris!
d) Utinam frater redeat!
e) Iudicem quaeramus!
f) Servi dominis pareant!

9 Ciceros Gedanken im Exil: Cicero musste ins Exil, weil er die Drahtzieher einer Verschwörung ohne Prozess hinrichten ließ. Übersetze.

Utinam ne reos morte punivissem! Si coniurati[1] poenam non dedissent, res publica magno in periculo fuisset. Sed quid nunc faciam? Utinam amicis meis contingat, ut in patriam re-vocer! Oremus pro salute patriae!

1 coniuratus, i: Verschwörer

10 | 1 Officia oratoris: Recherchiere die Aufgaben des Redners und ordne den lateinischen Begriffen ihre deutsche Entsprechung zu.

inventio – dis-positio – elocutio – memoria – pro-nuntiatio/actio
Stoffgliederung – Vortrag – Ausformulierung – Auffinden der Hauptgesichtspunkte – Einprägen

2 Vergleiche diese Arbeitsschritte mit deinen, wenn du ein Referat anfertigst.

11 | 1 Pater noster – Vater unser
Beschreibe, mit welchen Verbformen folgende Bitten ausgedrückt werden.

2 Gib zu den lateinischen Bitten ihre deutschen Entsprechungen an.

sancti-ficetur nomen tuum
ad-veniat regnum tuum
panem nostrum cottidianum *da* nobis hodie
di-mitte nobis debita nostra
ne nos *inducas* in tentationem
libera nos a malo

Statue des Rhetoriklehrers Quintilian in Calahorra

1 Eine attische Pelike aus dem 5. Jhdt. v. Chr.

2 Ein Krater aus sizilischer Produktion, ca. 350–340 v. Chr.: Der Gott Amor zwischen Iason und Medea

3 Ein Volutenkrater aus Pa

Antike Vasenmalerei

Hattest du als Kind auch Geschirr, auf dem deine »Helden« abgebildet waren? Der Brauch, Geschirr mit bildlichen Darstellungen zu verzieren, war in Griechenland schon sehr früh verbreitet. Schmückte man Keramik anfänglich nur mit geometrischen Formen und Mustern, so wurden ab dem 7. Jahrhundert v. Chr. figürliche Darstellungen üblich.
Beliebte Motive waren Heldenszenen aus dem Mythos, aber auch Darstellungen von Gelagen, bei denen ja von den Heldentaten erzählt wurde. Viele antike Vasen haben sich – v. a. als Grabbeigaben – erstaunlich gut erhalten und können heute in Museen bewundert werden. Manche sind sogar signiert, sodass wir die Namen der Künstler kennen.

1 **Informiere dich über die Medea-Sage (vgl. S. 36/37). Beschreibe die abgebildeten Vasenmalereien und ordne die Szenen in den Ablauf der Sage um Iason und das goldene Vlies ein.**

2 **Neben den abgebildeten Keramikformen Pelike und Krater gab es in der Antike noch viele andere. Suche im Internet Beispiele für eine Oinochoe, eine Hydria, einen Kyathos und eine Lekythos. Beschreibe, was für ihre Form eigentümlich ist und wofür sie benutzt wurden.**

3 **Plant eine Exkursion zu einem Museum, das antike Vasen ausstellt. Bereitet Referate zu den Mythen vor, die dort auf Vasen zu sehen sind.**

0/310 v. Chr.

4 Unteritalische Vasenmalerei, dem Ixion-Maler zugeschrieben, um 340–320 v. Chr.

Aietes' Pläne

Aietes ist außer sich: Eine Gruppe Ausländer ist angekommen; ihr Anführer Iason bittet um eine Audienz und wartet schon in der Vorhalle. Es heißt, er sei auf der Suche nach dem goldenen Vlies, dem sagenumwobenen goldenen Widderfell. Aber das Vlies gehört ihm allein, ihm, dem König von Kolchis.

»Dī peregrīnōs[1] perdant, quī trāns maria ad ōrās nostrās advēnērunt. Pellem[2] multīs saeculīs ante hūc lātam postulant: Iāsōn, prīnceps eōrum, ā quōdam rēge Graecō missus est ad pellem[2] reperiendam atque pellis[2] domum referendae causā!

Vae! Quid faciam?
Numquam hoc accidat, ut pelle[2] prīver!
Immō ille ipse audāciā hoc temptandī pereat!
Igitur – iste vir, licet sit fortis et audāx et ratiōne praeditus[3], perīculīs, quae īnstābunt in pelle[2] comparandā, mortem obeat!

Labōrēs ingentēs eī impōnam: Prīmum Iāsōn furōrem taurōrum domet[4]: Quī vehementer solum pede pulsandō[5] magnāque vōce mūgiendō[6] omnēs perterrent; quantae sunt flammae, quae ex ōribus taurōrum funduntur! Tāctae ignibus herbae ārdent.

Deinde, sī nōndum erit mortuus, adversāriōs sibī serendō[7] comparābit! Quōs sī occīderit, draco[8], quī pellem[2] custōdit, eum exspectābit …

Nūlla ratiōne Iāsōn vincet: Neque fortiter pūgnandō neque arte vel dolō adhibendō mortem ēvītābit! Occāsiō pellis[2] aureae auferendae nōn dabitur!«

»Heus, serve! Addūc peregrīnōs[1]! Quōs īnstruam, quā ratiōne pellem[2] accipiant!«

1 **peregrīnus,** ī: Fremder; Ausländer

2 **pellis,** is *f.*: Fell

3 **praeditus,** a, um + *Abl.*: ausgestattet/begabt mit

4 **domāre:** zähmen *(Iason soll mit den Stieren ein Feld pflügen)*

5 **pulsāre:** stampfen

6 **mūgīre:** muhen

7 **serere:** säen *(Iason soll auf dem gepflügten Feld Drachenzähne aussäen, aus denen dann Soldaten aus der Erde wachsen)*

8 **draco,** ōnis *m.*: Drache

1 Lies die Überschrift und den Einleitungstext. Äußere Vermutungen über den Inhalt des Textes.

2 Gliedere den Text und gib den einzelnen Abschnitten Überschriften.

3|1 Fasse in eigenen Worten zusammen, was König Aietes tun will. Belege deine Antworten am Text.

2 Bewerte seinen Plan und überlege, was ihn dazu bewogen hat.

Chrysomallus

Vliestücher! Im Haushalt unverzichtbar. Aber wer denkt dabei an antike Mythologie? Das Wort *Vlies* kommt vom lateinischen *vellus* und bezeichnet ursprünglich ein Schaffell. Schaffelle benutzte man in Kolchis, im heutigen Georgien, zum Sammeln von Goldstaub in Fließwasser.
Der Sage nach war das goldene Vlies das Fell des Widders *Chrysomallus*. Von ihm erzählt man, dass er das Geschwisterpaar *Phrixus* und *Helle* vor ihrer bösen Stiefmutter gerettet habe, indem er sie über den Himmel von Thessalien nach Kolchis trug. Dabei stürzte Helle in die Meerenge zwischen Europa und Asien, die seitdem *Hellespont* heißt. Phrixus wurde in Kolchis gastfreundlich aufgenommen. Zum Dank opferte er Chrysomallus den Göttern und überließ König Aietes das goldene Vlies.

*Aussicht auf Hilfe?

Iason ist verzweifelt – Aietes will das Vlies nur unter Bedingungen hergeben, die man als wahnwitzige Mutprobe bezeichnen muss. Doch Argos, der Neffe des Königs, hat eine Idee: Vielleicht kann er die Königstochter Medea überreden, dem Fremden zu helfen.

»Audī, Mēdēa! Gravēs cūrae Graecōs opprimunt. Ē terrīs aliēnīs[1] novā arte nāvigandī[2] hūc vēnērunt pellis[3] domum referendae causā.

Sed pater tuus labōrēs ingentēs iussit. Certē Iāsōn in hīs rēbus gerendīs mortem obībit. Quā ratiōne furōrem taurōrum domābit[4], quōrum ex ōre flammae funduntur? Quis mortālium, quamvis sit audāx, superābit mīlitēs ē terrā nātōs[5]? Quantā vī exstinguētur draco[6], quī pellem[3] custōdit? Neque cibīs dandīs neque fortiter pūgnandō neque dolō adhibendō Iāsōn dracōnem vincet. Nūlla ratiōne nisī arte *magicā* eum superābit!

Itaque tē obsecrō, ut occāsiōnem adiuvandī nōn praetermittās[7]. Vīdī tē animō favēre Iāsonī – et tū carminibus[8] cantandīs rēs mīrās facere potes. Adiuvā igitur Graecōs arte *magicā* adhibendā!«

1 **aliēnus,** a, um: fremd

2 **nāvigāre:** zur See fahren; segeln

3 **pellis,** is *f.:* Fell

4 **domāre:** bezähmen

5 **nātus,** a, um: geboren

6 **draco,** ōnis *m.:* Drache

7 **praetermittere:** vorbeigehen lassen

8 **carmen:** *hier:* Zauberspruch

1 Gliedere den Text und gib den einzelnen Abschnitten Überschriften.

2 Erläutere, wie Medea Iason helfen soll.

38 Iason und Medea in Kolchis

1 Fette Beute?
Übersetze und beschreibe dann die neuen Erscheinungen.

Peliadem[1] regem delectabat bona cara rapere.
Cupiditas rapiendi magna erat.
Pelias[1] Iasonem[2] ad rapiendum misit.
Rapiendo Iason[2] magnam gloriam sibi paravit.
Nam in rapiendo Iason se fortem praebuit.
Rapiendi causa etiam navem aedificavit.

1 Pelias, Peliadis: Pelias *(Eigenname: König in Griechenland, der Iason auf Raubzüge und andere Abenteuer schickt)* – **2 Iason,** Iasonis: Iason *(Eigenname; griechischer Held)*

2 Mission: Goldenes Vlies
Übersetze und beschreibe dann die neuen Erscheinungen.

Draco[1] saevus pellem[2] servabat. Sed cupiditas pellis rapiendae viros incitabat. Iason a Peliade avunculo[3] ad pellem[2] rapiendam missus est. Multi iuvenes ad navem parandam venerunt. In nave paranda se probos praebebant.

1 draco, onis *m.*: Drache – **2 pellis,** is *f.*: Fell, Vlies – **3 avunculus:** Onkel

3 | 1 Stelle alle lateinischen Wörter zusammen, die du brauchst, um das Bild zu beschreiben.
2 Bilde kurze lateinische Sätze und lass deinen Nachbarn übersetzen.

4 »Verwandte« Wörter: Erschließe Wortart und Bedeutung folgender Wörter.

a) custodire: custos; custodia
b) instruere: instructio; instructor
c) permittere: permissio
d) perdere: perditus, a, um
e) suspicio: suspicere

5 Für Sprachforscher: Ein italienischer Entdecker kehrt heim. Erschließe den Inhalt.

Un uomo ritorno d'una peregrinazione lunga a piedi. A riperto un artefatto d'oro. Dona un' istruzione al custode del museo:
»Il reperto è del seculo dodicesimo. È un lavoro ben fatto d'arte.«

6 Ein Wort – viele Bedeutungen
Wähle die jeweils passende Übersetzung.

a) Di hominibus rationem dederunt.
   Sed saepe stultitia[1] rationem vincit.
b) Cur periculum suscepisti? Quae fuit ratio?
   Rationem calamitatis nunc scio.
c) Rationes tuas autem non intellego.
   Nam tua ratio rei narrandae mira est.

1 stultitia, ae: *Substantiv zu* stultus

7 Gerundium und englisches *gerund:*
Vergleiche und übersetze.

a) Learning by doing. Exercitando[1] discimus.
b) The reason for travelling to Rome is …
   Ratio Romam eundi est …
c) The children get a lot of fun out of visiting their grandpa.
   Liberi gaudent avum visitando[2].

1 exercitare: üben; trainieren – **2 visitare:** besuchen

8 Iasons Aufgabe: Übersetze die nd-Formen

a) spes adveniendi
facultas pellis[1] reperiendae
b) missus ad laborandum
missus ad pellem[1] referendam
c) pericula in pugnando
pericula in pelle[1] auferenda

1 pellis: Fell

9 nd-Formen: Ergänze und übersetze.

- audacia pellis[1] postuland
- in officiis faciend
- occasio auri rapiend
- paratus ad mortem obeund
- clamand homines excitare
- servus idoneus est ad laborand

1 pellis: Fell

10 In der Schule (1): nd-Formen im Genitiv

Magister[1] dicit:
»Discite artem legendi et scribendi[2].
Vos docebo rationem orationis bene habendae.
Ne adsit audacia studia neglegendi!
Facultas discendi magnum donum est.
Discendi enim causa ad *scholam* ducimini.«

1 magister: Lehrer – **2 scribere:** schreiben

11 In der Schule (2): nd-Formen im Akkusativ

Discipulus magistro[1] respondet:
»A parentibus missus sum ad te audiendum.
Et ipse paratus[2] sum ad discendum.
Res iam paratae sunt ad legendum.
Te autem ad docendum idoneum non puto.
Te ad nos laudandos paratum esse non video.«

1 magister: Lehrer – **2 paratus:** bereit

12 Pelias' hinterhältige Gedanken: Wiederhole die Futurformen und übersetze.

Pelias, avunculus[1] Iasonis, deliberat:
Iason mox Colchidem petet.
Fortasse iam in itinere periculis peribit.
Si tamen ibi adveniet, ab hostibus recipietur.
Aeetes pellem[2] sua sponte ei non dabit.
Sive[3] laboribus suscipiendis peribit, sive ab hostibus caedetur: mortem obibit.

1 avunculus: Onkel – **2 pellis:** Fell – **3 sive:** sei es, dass

13 Die Drachensaat: Markiere die Partizipialkonstruktionen. Dann übersetze.

Iason tauros herbas incendentes domare[1] potuit. Furore eorum sublato agrum[2] coluit. E dentibus serpentis[3] in solo positis homines armati creverunt. Iason herbis magicis[4] timore solutus omnes vicit. Rex autem ira motus novam rationem Iasonis necandi quaerere debebat.

1 domare: zähmen – **2 ager:** Acker – **3 dens serpentis:** Drachenzahn – **4 herba magica:** Zauberkraut

14 | 1 Der fliegende Widder: Übersetze.

2 Fasse zusammen, wie das goldene Fell nach Kolchis gekommen ist.

Reginae[1] malae placuit liberos mariti necare. Sed liberis facultas per caelum[2] fugiendi data est: Aries[3] aureus ad eos ferendos aderat. In itinere autem soror in mare cecidit[4]. Frater per caelum[2] volans Colchidem advenit. Aeetes rex paratus[5] erat ad eum iuvandum. Servandi causa iuvenem recepit et filiam suam ei dedit. Iuvenis ariete[3] immolando regi et deis gratias egit.

1 regina, ae: Königin – **2 caelum,** i: Himmel – **3 aries,** arietis *m.*: Widder (Schafbock) – **4 cadere,** cecidi: fallen – **5 paratus,** a, um: bereit

Phrixos auf dem Widder. Wandgemälde

Iason und Medea in Kolchis

Pflicht oder Neigung?

Die Königstochter Medea ist schockiert: Wie kann ihr Vater solch selbstmörderische Mutproben verlangen? Das wird Iason nie überleben. Doch soll sie ihm helfen? Sie ist hin- und hergerissen.

Mēdēa, cum ratiōne furōrem amōris vincere nōn posset, haec sēcum volvit: »Mē[1] miserrimam atque īnfēlīcissimam! Cūr iussa patris dūriōra esse crēdō quam umquam fuerint? Cūr timeō, nē pereat iuvenis, quem recentissimē vīdī? Cūr meā interest, utrum vīvat an occidat? Sī imāginem eius pectore pellere possem, fēlīcior essem! Sed invīta trahor in partēs dīversās; aliud amor, mēns aliud suādet[2]. Vae! Vulnere graviōre affecta sum! Quid faciam? Patrem fallam et patriam perdam, cum[3] Iāsonem arte *magicā* adhibendā adiuvem?

Quam turpiter agerēs, Mēdēa!

Sed pater turpius agit mē! Odiō mōtus nihil cōgitat nisī dē perniciē Iāsonis! Quis autem neget Iāsonem innocentem esse? Quem nōn tangant Iāsonis virtūs et aetās? Quis nōn ōre pulcherrimō moveātur?

Nōnne tē amor familiae et patriae permovet? Age turpissimē – et exiliō damnāberis! Sīc scrīptum est in lēgibus! Domī manēre diūtius nōn poteris.

Cum autem mē uxōrem sēcum dūcet, …

Dēsine furere! Certē tē barbaram relinquet …

Id crēdere nōn possum!«

1 mē miserrimam atque īnfēlīcissimam *(Akkusativ des Ausrufs):* übersetze mit Nominativ: Ach, ich …

2 suādēre: raten

3 cum: *hier:* indem

1 **Lies die Einleitung und übersetze den ersten Satz (Z. 1–2). Äußere erste Vermutungen über den Inhalt des Textes.**

2 | 1 **Medea ist hin- und hergerissen. Benenne die Substantive, die die beiden Pole bezeichnen.**

2 **Analysiere, wie Medeas Unentschlossenheit im Text dargestellt ist.**

3 **Fasse mit eigenen Worten zusammen: Welche Argumente sprechen dafür, Iason zu helfen, welche dagegen?**

Medizin

Medea – medicina – Medizin: Diese Wörter sind miteinander verwandt. Doch Medizin und eine Königstochter, die außergewöhnliche Kenntnisse in Zauberei besessen haben soll: Wie passt das zusammen? Nun, wenn es uns nicht gut geht, suchen wir einen Arzt oder eine Apotheke auf. Wir vertrauen darauf, dass es ein Mittel gibt, das uns wieder auf die Beine hilft. Die Entdeckung, dass man den Körper bei der Bewältigung von Krankheiten mit bestimmten Pflanzen unterstützen kann, ebnete den Weg zur modernen Medizin. Wer dieses Wissen besitzt, kann helfen – oder vernichten. Kein Wunder also, dass man eine so außergewöhnliche Pharmakologin wie Medea für eine Zauberin hielt.

*Verlassen

Nachdem Medea den Fremdlingen tatsächlich geholfen hat, König Aietes das Goldene Vlies zu entwenden, nimmt Iason sie mit nach Griechenland, heiratet sie und hat mit ihr zwei Söhne. Doch dann verlässt er sie …

Mēdēa odiō permōta haec sēcum volvit:

»Mē miserrimam[1]! Quārē turpissimē ēgī? Nēminem umquam crēdō turpius ēgisse quam mē. Nēmō īnfēlīcior inveniētur fīliā Aeētae[2]. Cum[3] Iāsonem adiūvī, patrem fefellī, patriam perdidī, frātrem innocentissimum occīdī!

Sed nunc – barbaram mē vocat; etiam prīncipēs cīvitātis scrīpsērunt mē esse indīgnam. Quis neget mē turpissimō omnium virō nūptam esse? Asperrimē mēcum agit, quod cum puerīs mihī vīvere nōn licet.

At quis neget quemquam[4] crūdēliōrem fuisse quam mē? Ita perge, Mēdēa! Nihil metuere dēbēs: Saevissima fuistī; sanguine tē polluistī[5] polluēsque[5]. Iāsōn videat ultiōnem[6] meam. Dolō et arte *magicā* istum adiūvī. Prō[7] Hecatē: Arte *magicā* adhibendā istum perdam!«

1 mē miserrimam *(Akkusativ des Ausrufs):* übersetze mit Nominativ: Ach, ich …

2 Aeētēs, ae: Aietes *(König von Kolchis)*

3 cum: *hier:* indem

4 quisquam: irgendjemand

5 polluere, polluō, polluī: sich beflecken mit

6 ultiō, iōnis *f.*: Rache

7 prō: *hier:* bei

1 **Gliedere den Text und fasse Medeas Gedanken zusammen.**

2 **Informiere dich, wie die Geschichte weitergeht: Macht Medea ihre Drohung wahr?**

39 Iason und Medea in Kolchis

1 Eine Prinzessin ...
Übersetze und beschreibe dann die neuen Erscheinungen.

Medea est filia regis Colchidis.
Medea est pulchrior quam multae puellae.
Etiam sapientiā maiore praedita[1] est aliis.
Nulla autem miseriore animo est illā.
Nam timet, ne Iason crudelius necetur.

1 **praeditus,** a, um + *Abl.*: ausgestattet mit

2 ... und ihr Traumprinz
Übersetze und beschreibe dann die neuen Erscheinungen.

Medea Iasonem hospitem spectat:
Est vir fortissimus omnium.
Arma pulcherrima fert.
Corpus ingens est deo simillimum.
Nonne animo sapientissimo est?
In pugnis certe audacissime aget!

3 | 1 Wortfix: Nenne zu jedem Bild das entsprechende lateinische Wort.
2 Bilde kurze Sätze mit den neuen Wörtern.

4 | 1 Sachfelder
Erstelle eine Mindmap mit lateinischen Wörtern zu folgenden Themen:

a) Gefühle – b) Denken und Sprechen

2 Welche Wörter sind Kopfverben für den AcI?

5 Für Sprachforscher
Nenne die lateinischen Ursprungswörter und erschließe die Bedeutung der Fremdwörter.

negativ – Furie – Scriptorium – legal – mental – Exil – furios – Interesse – Legislative – verdammt

6 ***afficere* gut übersetzen:**
Finde einen angemessenen Ausdruck.

- Iasonem gloria afficere
- militem vulnere afficere
- hostes clade afficere
- parentes gaudio/timore afficere
- uxorem dono afficere
- oppidum muris afficere

7 Ein Wort - viele Bedeutungen: Wähle eine passende Übersetzung für *interesse*.

- Familia ludis interest.
- Inter[1] duos montes via interest.
- In libertate dominus et servus interest.
- Civium interest rem publicam valere.
- Civium interest, ut res publica valeat.

1 **inter** *(+ Akk.)*: zwischen

8 **Steigerung – Adjektive: Ergänze.**

Positiv	Komparativ	Superlativ
durus		
	felicior	
		gravissimus
miser		
	laetior	

9 **Steigerung – Adverbien: Ergänze.**

Positiv	Komparativ	Superlativ
honeste		
	turpius	
		recentissime
feliciter		
	diutius	

10 | 1 Iasons Mutproben: Ordne die Adjektive den Bildern zu. Finde weitere.

2 Bilde lateinische Sätze und übersetze sie.

- adversarius: saevus, saevior, saevissimus
- periculum: grave, gravius, gravissimum
- pugna: acris, acrior, acerrima

11 **Allein und verlassen. Übersetze.**

Medea a Iasone relicta secum cogitat:
»Ubi est Iason, ubi est patria mea?
Cur nunc miserrima omnium sum?
Quando virum fidiorem inveniam Iasone?
Quomodo acrius Iasonem vindicare possum?«

12 **Alles ganz normal?**
Iason, der wieder geheiratet hat, fragt sich:

Intellegere non possum,

- cur Medea miserrima mulier sit.
- quam rem turpiorem fecerim aliis viris.
- quando Medea mihi carior fuerit quam ceterae.

13 | 1 Medeas Rache: Markiere die Partizipial-Konstruktionen und übersetze.

2 Beschreibe das Vasenbild: Welche Szene aus der Geschichte ist abgebildet?

Iason amore Glaucae captus Medeam solam Corinthi[1] reliquit. Tristissima autem coniunx vestem pulcherrimam veneno[2] tinxit[3]. Vestem tinctam[3] Glaucae dono dedit. Illa nihil metuens vestem acceptam induit[4]. Statim doloribus maximis affecta est et flammis incensa crudeliter occidit. Medea denique etiam filios Iasonis innocentissimos manibus suis necavit.

1 Corinthi: in Korinth – **2 venenum,** i: Gift –
3 tinguere, tinguo, tinxi, tinctum: tränken (↑ *Abl.*)
4 induere: anziehen

griechische Vase des Dolon-Malers

1 Ölgemälde von Gustav Moreau, um 1874.

2 Ölgemälde von J. W. Waterhouse, 1907.

Iasons Schuld!?

Medea, Dido, Ariadne – diese drei Frauen haben eines gemeinsam. Sie haben Helden geholfen, ihre Heldentaten zu vollbringen, und wurden danach von eben diesen Helden schmählich im Stich gelassen: Medea von Iason, Dido von Aeneas und Ariadne von Theseus.

Helden sind eine besondere Spezies. Sie sehen immer sehr gut aus. Das macht es Frauen leicht, sich in sie zu verlieben. Bei Iason und Medea war das nicht anders. Kein Wunder also, dass Medea bei Iasons Anblick sofort hin und weg war.

Iason

Wer aber war dieser Iason, und was bewog ihn zu seiner Reise nach Kolchis? Iason, Sohn des Königs Aison, stammte aus Iolkos in Thessalien. Er wuchs in der Wildnis auf, erzogen von dem Kentauren Chiron, zu dem er von Aison gebracht worden war, bevor dieser von seinem Halbbruder Pelias seines Thrones beraubt und später in den Tod getrieben wurde.

Eines Tages lud Pelias die Einwohner Thessaliens zu einem Opferfest für Poseidon nach Iolkos ein. Iason wertete das als Zeichen, sein rechtmäßiges Erbe anzutreten, und machte sich auf den Weg. Als er in Iolkos eintraf, trug er nur einen Schuh. Den anderen hatte er beim Durchqueren eines Flusses verloren. Ein Orakel hatte Pelias einst vor einem Mann gewarnt, der nur einen Schuh trägt. Nun begriff er, wer gemeint war. Er schickte Iason unter dem Vorwand, sich zuerst Heldenruhm erwerben zu müssen, nach Kolchis, damit er das goldene Vlies des Chrysomallus stehle. Danach sollte er die Königswürde empfangen. Natürlich hoffte er, dass Iason nicht zurückkehren würde.

Die Fahrt der Argonauten

Für die Überfahrt ließ Iason mit Athenes Hilfe ein Schiff bauen, das er Argo (= die Schnelle) nannte. Es war das erste Schiff überhaupt. Mit fünfzig Helden Griechenlands, den Argonauten, segelte er nach Kolchis. Dort forderte er von König Aietes die Herausgabe des Vlieses. Aietes knüpfte an die Herausgabe Bedingungen, die ein Sterblicher eigentlich nicht erfüllen konnte. Doch dank Medeas Zauberkunst löste Iason alle Aufgaben. Dennoch gab Aietes das Vlies nicht heraus. Wieder half Medea und ermöglichte Iason, das Vlies zu entwenden. Dann segelten die Argonauten davon. Mit an Bord waren Medea und ihr kleiner Bruder Apsyrtos. Aietes verfolgte die Argo mit seiner Flotte. Um sie aufzuhalten, tötete Medea ihren Bruder und warf ihn ins Meer. Aietes ließ den Leichnam seines Sohnes aus dem Wasser bergen, damit er ihn angemessen bestatten konnte. Die Argo entkam und kehrte über Umwege nach Iolkos zurück.

Zurück in Iolkos

Als Iason Pelias das goldene Vlies vorlegte, verweigerte dieser ihm trotzdem die Königswürde. Medea entwickelte einen Plan: Sie versprach den Töchtern des Pelias, dass sie ihren Vater durch einen Zauber verjüngen könnten – sie müssten ihren Vater dafür töten und anschließend in Zauberkräutern kochen. Die Mädchen glaubten ihr, denn schließlich hatte ihnen Medea den Zauber an einem alten Widder vorgeführt …

Tragödie in Korinth

Nun hätte Iason den Thron besteigen können, doch Akastos, der Sohn des Pelias, vertrieb ihn und Medea aus Thessalien. Sie flohen nach Korinth. Mittlerweile waren sie verheiratet und hatten zwei Kinder. In Korinth lernte Iason Glauke kennen und verstieß ihretwegen Medea. Rasend vor Eifersucht schickte Medea Glauke daraufhin ein todbringendes Gewand und tötete anschließend ihre eigenen Kinder.

Soweit die Geschichte Medeas. Es ist die Geschichte einer Frau, deren abgöttische Liebe viele Menschen und am Ende auch sie selbst ins Unglück stürzt. Hat sie Mitleid verdient? Trifft Iason eine Mitschuld? Eine Antwort zu finden, ist nicht leicht.

3 Statue von Pietro Francavilla, 1589.

1 Der Sachtext endet mit zwei Fragen. Diskutiert sie in der Klasse.

2 | Die tragische Geschichte von Iason und Medea bewegt die Menschen noch immer. Sie wird immer wieder neu bearbeitet.

- **1** Beschreibe die Bilder 1–4: Welche Personen sind zu sehen? Wie wirken sie? Finde eine treffende Überschrift.
- **2** Wähle ein Bild aus und erzähle die Geschichte so, dass das Bild dazu passt.
- **3** Informiere dich im Lexikon oder Internet über verschiedene Bearbeitungen des Medea-Mythos (z. B. als Oper, Roman, Film etc.).

4 Ölgemälde von Carle van Loo, 1760.

Verstehen und Verstehen

Kennst du das Spiel *Teekesselchen?* Die Regel ist einfach: Zwei gleichlautende Begriffe mit unterschiedlicher Bedeutung müssen erraten werden, z. B: Linse → Hülsenfrucht und optisches Gerät.

Ein Teekesselchen liegt auch bei dem Begriff Verstehen vor. Man kann einen Text mit den Ohren verstehen = hören und man kann den Sinn eines Textes verstehen = mit dem Verstand begreifen. Das Schöne: Beide Begriffe ergänzen sich. Wenn du jemandem zuhörst (= akustisch verstehst), dann versuchst du gleichzeitig, den Inhalt des Gesprochenen zu begreifen.

Hörverstehen

Das doppelte Verstehen als Hören und Begreifen funktioniert natürlich auch im Lateinischen, denn ursprünglich war Latein ja eine gesprochene Sprache, die man akustisch und inhaltlich verstand.

Hörverstehen ist im Lateinunterricht eine wichtige Sprachkompetenz. Dabei kommt es nicht darauf an, dass man den Text auf Anhieb exakt übersetzt. Entscheidend ist, dass man bereits beim Hören einigermaßen den Sinn erfasst.

Dafür kannst du einen lateinischen Text selbst laut lesen. Besser ist es allerdings, wenn du ihn dir vorlesen lässt. Achte beim Hören z. B. auf Signalwörter wie Eigennamen. Gibt es auffällige Stilmittel wie Anaphern? Wird der Text von Fragen oder Aussagen bestimmt? All dies kann man beim ersten Hören bereits erkennen. Das geht natürlich nur, wenn du die meisten Wörter und ihre Bedeutungen kennst.

Hörverstehen funktioniert besonders gut, wenn du den lateinischen Text zuvor übersetzt hast. Dann weißt du schon, worum es geht, und du kannst dich ganz auf die Wirkung des Textes konzentrieren.

Inhaltsverstehen

Ein weiterer Schritt zum Verstehen eines Textes ist die inhaltliche Wiedergabe mit eigenen Worten. Das ist aus zwei Gründen sinnvoll: Die Inhaltswiedergabe bereitet die tiefergehende Interpretation vor. Gleichzeitig kann sie dir helfen, fehlerhafte Stellen in deiner Übersetzung zu finden. Eine fehlerhafte Übersetzung lässt sich nur schwer sinnvoll zusammenfassen, also solltest du an einer solchen Stelle noch einmal genauer hinschauen.

Für die Textwiedergabe kannst du den übersetzten Text gliedern und dann paraphrasieren (d. h. in eigenen Worten wiedergeben). Wichtig dabei ist, nie den Bezug zum Text zu verlieren: Zentrale Textaussagen bzw. Wörter solltest du deshalb auch kurz auf Latein zitieren.

Textsorte

Wichtig für das Verständnis des Textes ist das Erkennen der Textsorte: Eine Rede folgt anderen Regeln als ein Brief, ein historischer Text anderen als eine mythologische Erzählung. Oft erhältst du schon vor der Übersetzung Informationen über die Textsorte. Ein Brief z. B. beginnt immer mit der

Begrüßungsformel, auch der deutsche Einleitungstext verrät dir oft schon etwas über die Textsorte.

Dieses Wissen kannst du für deine Übersetzung nutzen: Bei einer Erzählung beispielsweise kannst du damit rechnen, dass viele Verbformen der 3. Person in einem Vergangenheitstempus auftauchen – bei einem Dialog wirst du dagegen wahrscheinlich auch auf Verbformen der 1. und 2. Person stoßen. Am Beispiel der Lektionen zum Mythos um Iason und Medea lässt sich das gut zeigen:

In Lektion 38 handelt es sich um einen *inneren Monolog:* Aietes überlegt, wie er reagieren soll. Demzufolge findest du im Text Verbformen der ersten Person: einen Deliberativ *(Quid faciam?)* und Formen im Futur. Die Nennung Iasons gibt einen Hinweis auf das eigentliche Ziel dieses inneren Monologes: Aietes setzt alles daran, dass Iason scheitert.

Lektion 39 ist als *innerer Dialog* angelegt. Dabei scheint sich Medea in zwei Personen zu spalten: Erst spricht sie in der 1. Person Sg. (»ich«) und beklagt ihre Situation. Auch hier findest du die Formulierung: *Quid faciam?* Als scheinbar objektiv urteilende Gesprächspartnerin antwortet ihr ihre andere Hälfte. Diese Dialogpartnerin benutzt die 2. Person Sg. (»du«). Sie wird zum *alter Ego* Medeas und zeigt ihr die Konsequenzen auf.

Charaktere

Ein wichtiger Baustein der Interpretation ist die Charakterisierung der im Text vorkommenden Figuren: Wie diese dargestellt sind, welche ihrer Eigenschaften der Text besonders betont, zeigt viel über die Absicht des Autors und hilft beim Verständnis des Textes.

Nicht immer sind die Figuren im Text direkt durch ein entsprechendes Adjektiv (nett, geizig o. ä.) charakterisiert. Oft geschieht das eher indirekt, durch die Art und Weise, wie die Figuren sich verhalten oder was sie denken. Für die Charakterisierung musst du ihr Verhalten beschreiben und dann konkret benennen.

Aietes und Medea gewähren durch ihre inneren Selbstgespräche Einblick in ihre Gedankenwelt: Die Rede des Aietes ist gekennzeichnet von Missgunst, Neid und Angst. Diese Gefühle sind der Grund für seine Pläne gegenüber Iason.

Medea ist hin- und hergerissen zwischen den Gefühlen für ihren Vater und ihre Heimat und ihrer Liebe zu Iason. Sie wirkt verzweifelt, aber ihr innerer Dialog lässt erahnen, wofür sie sich entscheiden wird. Sie wird sogar bereit sein, ihre Zauberkunst für die Verwirklichung ihrer Ziele einzusetzen.

Stilmittel

Über die Bedeutung von Stilmitteln hast du auf der letzten Methodenseite schon viel erfahren. Auch sie spielen für das Textverständnis eine wichtige Rolle. Sie lenken die Aufmerksamkeit des Hörers auf zentrale Aussagen des Textes, wie auch in unserem Medea-Text, in dem ein Hendiadyoin, eine auffällige Anapher und zwei Alliterationen vorkommen. Achte einmal darauf!

Das habe ich gelernt:

Es gibt zwei Arten des Textverstehens, die sich beide ergänzen, das Hörverstehen und das inhaltliche Verstehen.

38–39 Iason und Medea in Kolchis

1 | 1 Mutter Latein und ihre Töchter – Spanisch
Führe die unterstrichenen Wörter auf ihren lateinischen Ursprung zurück.

2 Erschließe den Inhalt der folgenden aus Wikipedia stammenden Sätze.

Cuando Jasón y los argonautas llegaron a la Cólquida y reclamaron el vellocino de oro, el rey Eetes les prometió que se lo entregaría sólo si eran capaces de realizar ciertas tareas.

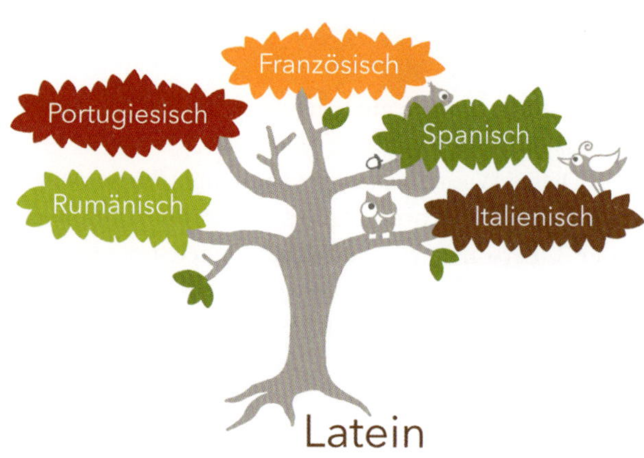

2 Steigerung: Bestimme KNG und ergänze.

Positiv	Komparativ	Superlativ
infelicis		
	cupidiores	
vehementia		
		turpissimis
	probius	
		maximus

3 Nach Iasons Verrat: Ergänze die richtige Steigerungsform und übersetze.

Medea secum cogitat:

a) » ______ omnium mulierum sum. Nemo ______ est quam ego.« (miser)
b) »Iasonem maritum ______ puto. Nullus vir maritus ______ est quam iste.« (improbus)
c) »Poenam ______ ei parabo. Nulla mulier umquam poenam ______ inveniet.« (crudelis)

4 Steigerung der Adverbien: Ergänze.

Positiv	Komparativ	Superlativ
	fidelius	
		miserrime
		durissime
	aequius	
celeriter		

5 Untreuer Iason: Adjektiv oder Adverb? – Ergänze die richtige Form und übersetze.

Iason secum cogitat: »Scio Medeam relictam ______ (tristis) esse. Ego tamen ______ (innocens) sum. Nam nullus vir ______ (turpis) agit, qui mulierem ______ (pulchrior) quaerit. Vitam ______ (iucundior) vivam! Et certe Medea non ______ (longior) dolebit.«

6 Für Sprachforscher: Führe die Fremdwörter auf ihren lateinischen Ursprung zurück.

Ein Trainer mit A-*Lizenz instruiert* sein Team: »Unser Problem ist ein *mentales.* Wir müssen *rationaler* spielen und uns weniger vom *Affekt* leiten lassen. Ich will keine *artistischen* Einlagen sehen, sondern per*manenten* Einsatz. Die *Defensive* muss die Gegner *vehement* angehen, bis an die Grenze der *Legalität.* Eine *Adduktoren*zerrung ist da keine Ausrede! Ihr müsst euer spielerisches *Repertoire* erweitern.«

7 | 1 Sapientia Romanorum
Übersetze die lateinischen Sinnsprüche.

a) Docendo discimus.
b) De mortuis nihil nisi bene!
c) Summum ius, summa iniuria.
d) Cogito, ergo sum.
e) Citius (= celerius), altius, fortius!
f) Felix, qui potuit rerum cognoscere causas.

2 Erläutere die Sinnsprüche a–c an selbst gewählten Beispielen. Recherchiere Herkunft und Bedeutung der Sprüche d–f.

8 nd-Formen im Genitiv: Übersetze.

a) cupidus Romam videndi
b) spes amici reperiendi
c) occasio exercitum instruendi
d) ratio linguae Latinae discendae
e) ius orationis habendae

9 nd-Formen »Marke Eigenbau«
Bilde in Abhängigkeit zu den folgenden Substantiven selbst Gerund- bzw. Gerundivausdrücke im Genitiv. Dann übersetze.

ars – spes – studium – cupiditas

10 nd-Formen im Ablativ
Der Kaiser gibt seinem Feldherrn Ratschläge. Übersetze.

a) Litteris scribendis te delectare volo:
b) »Ne iniuriis ferendis te ipsum perdideris!
c) Ratione adhibenda hostes superabis.
d) Sapienter agendo omnes falles.
e) Exercitu adducendo te adiuvabo.«

11 Medeas Flucht: Ergänze die richtigen Endungen und übersetze.

Hospitis adiuvand causa Medea patrem fefellit. Etiam parata[1] erat ad patriam relinquend . Diem cum Iasone fugiend statuit. Sed in nave[2] ascendend tamen infelicissima est. Nam scit: Nullam occasionem familiae vidend habebit.

1 paratus, a, um: bereit – **2 navem ascendere:** das Schiff besteigen

12 | 1 Medea und Iason in der Werbung
Beschreibe das Bild und ordne die Szene in die Medea-Sage ein. (Hinweis zum Verständnis der Unterschrift: consegna = (sie) übergibt).

2 Überlege, inwiefern man sich durch das Bild eine Werbewirkung für den »Vero estratto di Carne Liebig« erhoffte. Informiere dich dazu über die Erfindung des Fleischextraktes durch Justus v. Liebig.

LA SPEDIZIONE DEGLI ARGONAUTI.
5. Medea consegna a Jasone l'erba magica.

1 Relief von Kaiser Nero und Agrippina, Museum in Aphrodisias, Türkei.

Nero – Muttersöhnchen oder großer Kaiser?

In seiner Kindheit und Jugend stand Nero ganz unter dem Einfluss seiner ehrgeizigen Mutter Agrippina. Sie sicherte ihm den Kaiserthron durch ihre Heirat mit ihrem Onkel, Kaiser Claudius, und bestimmte Seneca zu seinem Erzieher. Doch interessierte sich Nero weder besonders für die philosophischen Lehren seines Mentors noch für die Regierungsarbeit, die seine Mutter zwischenzeitlich für ihn übernommen hatte. Er wollte als großer Wohltäter vom Volk geliebt werden und seine Leidenschaft für die schönen Künste ausleben. Im Jahre 59 n.Chr. ließ Nero seine Mutter ermorden.

1 **Beschreibe das Relief und die Münzen. Ziehe aus der Art der Abbildungen Schlüsse auf den jeweiligen Auftraggeber und die Beziehung zwischen Nero und Agrippina.**

2 **Erläutere anhand der Münzen 3 und 4, wie Nero gerne gesehen werden wollte. Nenne ähnliche Beispiele für die Darstellung von Politikern/Promis heute.**

2 Aureus von 54 n. Chr.: Nero und Agrippina.

3 Sesterz von 57 n. Chr.: Getreidespende.

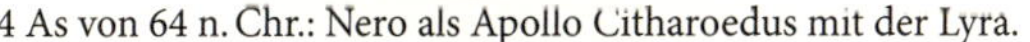

4 As von 64 n. Chr.: Nero als Apollo Citharoedus mit der Lyra.

Ein teuflischer Plan

Der Flottenkommandant Anicetus ist überrascht: Kaiser Nero hat ihn zu sich rufen lassen. Was sein ehemaliger Schüler wohl von ihm will?

Nero: »Fīde Anīcēte! Tē auxilium rogō. Prīmō autem tibī iūrandum est, ut silentium servēs.«

Anīcētus: »Sit lēx mihī voluntās tua: iūrō, magne prīnceps. Quid-nam imperās?«

Nero: »Propius veniās. Sēcrētum[1] tibī committam … Aliquis mihī clam caedendus est.«

Anīcētus: »Ō imperātor, cūr mē adīs dē tālī facinore? Nesciō, quōmodō venēnum misceātur; multī ferrō plūs valent.«

Nero: »Tālia adhibenda nōn sunt. Nam nex occultārī vix potest. Sī venēnum inter cēnam mē praesente darētur, egō caedis accūsārer.«

Anīcētus: »Hem. Audiās cōnsilium meum, etsī timeō, nē id parvī aestimēs. Nāvis nōbīs compōnenda est, cuius media pars in aequore per artem solvī et effundī[2] potest. Quis enim adeō inīquus est, ut scelerī adscrībat[3], quod ventīs et flūctibus tribuendum est?«

Nero: »Quam mīrum est ingenium tuum! Haec perficiāmus!«

Anīcētus: »Ō pater patriae, sinās mē hoc ūnum intellegere: Quis est occīdendus?«

Nero: »Occīdenda.«

Anīcētus: »Num fēmina est???«

Nero: »Fēmina … familiāris. Est … māter mea.«

1 sēcrētum, ī: Geheimnis

2 effundere: *hier:* versenken

3 adscrībere: *erschließe aus* adscrībere

1 **Lies die deutsche Einleitung und den Gesprächsanfang (Z. 1–2). Äußere erste Vermutungen, in welche Richtung das Gespräch gehen könnte.**

2 **Erkläre Neros Problem und Anicetus' Lösungsvorschlag.**

3|1 **Beschreibe, wie sich Anicetus gegenüber Nero verhält.**

2 **Bewertet sein Verhalten und diskutiert Alternativen.**

Nero

Wer denkt da nicht an Bruder- und Muttermord, Christenverfolgung und an den Brand Roms. Aber es gibt auch eine andere Seite. Neros Kindheit war vergiftet durch politische Machtspiele. Im Alter von zwei Jahren wurde er 39 n. Chr. mit seiner Mutter Agrippina von Kaiser Caligula (ihrem Bruder!) verbannt und nach dem Tod seines Vaters 40 n. Chr. noch seines Vermögens beraubt. Kaiser Claudius hob die Verbannung 41 n. Chr. auf. Nero erhielt sein Vermögen zurück und Agrippina sorgte später dafür, dass der Philosoph *Seneca* sein Lehrer wurde. Eine segensreiche Entscheidung! Gemeinsam mit dem Militärberater *Burrus* sorgte er für eine umsichtige erste Regierungsphase Neros. Doch Nero entfremdete sich zusehends und Seneca zog sich nach dem Tod des Burrus 62 n. Chr. aus der Politik zurück.

*Erzieherklage

Neros Erzieher, der Philosoph Seneca, ist schockiert über die Skrupellosigkeit, die sein Schützling immer häufiger im Umgang mit Mitgliedern der Oberschicht zeigt. Er wendet sich mit folgendem Brief an den Kaiser:

L. Annaeus Seneca imperātōrī salūtem plūrimam dīcit.

Ō prīnceps, audīvī rēs, quae crēdendae nōn sunt. Quae rēs sī vērae sunt, frūstrā[1] tē docuī et ēducāvī.

Nonne semper dīxī iūs suprā[2] omnem iniūriam pōnendum esse, clēmentiam[3] tibī adhibendam esse? Nam nēminem clēmentia[3] magis quam tē, imperātor, decet. Cōnstat enim tē animum reī pūblicae esse, illam autem corpus tuum. Tibī ergō parcis, cum alterī parcis. Itaque parcendum est cīvibus, eō[4] magis familiāribus! Numquam sanguinem cīvium fūdisse, haec vēra clēmentia[3] est.

At clēmentia[3] crūdēlitāte tollitur; quae est voluntās mala in pūniendō. Profectō mulierum[5] est furere in īrā; bēstiārum[5] est opprimere et mordēre[6] caesōs; barbarī[6] est occīdendī causā occīdere. Sed magnī animī[5] est sē ipsum plācāre, iniūriās prohibēre. Num mihī timendum est, nē hōrum omnium nōn memineris? Spērō – et putō – falsum esse, quod audīverim.

Valē!

1 frūstrā *(Adv.):* vergeblich; umsonst

2 suprā *(+Akk.):* über

3 clēmentia, ae*:* Milde

4 eō: umso

5 esse + *Gen.:* es ist Eigenschaft/ ein Zeichen von … (z. B. mulierum est: es ist die Eigenschaft von Frauen …)

6 mordēre: beißen

1 Gliedere den Text und fasse den Inhalt in eigenen Worten zusammen.

2 Analysiere, mit welchen Argumenten Seneca Nero überzeugen will.

Kaiser Nero und Seneca

1 Ein weiser Ratgeber?!
Übersetze und beschreibe dann die neuen Erscheinungen.

Seneca ad Neronem: »Imperator,
- primo matrem semper audire debes/ mater semper audienda est.
- officia curare debes/ officia curanda sunt.
- sapienter regere debes/ sapienter regendum est.
- denique ne miseros neglegas/ miseri neglegendi non sunt!«

2 Die Pflichten eines Kaisers
Übersetze und beschreibe dann die neuen Erscheinungen.

Nero: »Bene,
- sapienter mihi vivendum est.
- voluptatibus mihi temperandum est.
- clementia[1] in regendo adhibenda est.
- multa praecepta[2] mihi neglegenda non sunt.«

»Sed si liber a negotiis ero, me otio dabo:
- equi mihi regendi sunt.
- carmina pulchra mihi cantanda sunt.«

1 clementia, ae: Milde – **2 praeceptum,** i: Vorschrift

3 Wortfix: Nenne zu jedem Bild das entsprechende lateinische Wort.

4 Sachfeld
Erstelle eine Mindmap mit lateinischen Wörtern zu einem der folgenden Themen:
a) Auf hoher See
b) Mord und Totschlag

5 Ein Wort – verschiedene Bedeutungen
Wähle die jeweils passende Übersetzung.

Nero *consilium* senatorum con-vocavit.
Nam *consilia* matris audire non iam volebat.
Senatores convenerunt, inter eos etiam vir magni *consilii.*
Consilio habito Nero tamen nescivit, quid faceret.
Tandem *consilium* matris caedendae cepit.

6 Für Sprachforscher: Familienpolitik?!
Nenne die lateinischen Ursprungswörter und erschließe die Bedeutung.

Eine Partei verkündet ihr Wahlprogramm: »Wir wollen *familiäre Interessen* fördern. Dazu brauchen wir mehr *legale* Möglichkeiten. Wir werden ein eigenes *Referat* einrichten für *feministische* Belange. *Referenten* im Familienministerium sollen regelmäßig berichten.«

7 Ein heikler Plan …
Konjunktiv im Hauptsatz: Bestimme die Funktion des Konjunktivs und übersetze.

Consilia Neronis:
»Utinam me a matre vindicem!
Sed quomodo haec perficere possim?
Ipse Agrippinam manibus meis necem?
Utinam ne caedis accuser!
Quis autem venenum misceat?
Statim Anicetus, amicus fidus, vocetur.«

8 … erfordert Fingerspitzengefühl
Konjunktiv im Nebensatz: Entscheide, wann du den Konjunktiv auch im Deutschen verwenden musst, und übersetze.

a) Anicetus iurat, ut imperatori pareat.
b) Sed nescit, quomodo necem matris paret.
c) Si Agrippina inter cenam necaretur, Nero accusaretur.
d) Anicetus timet, ut[1] res occultari possit.
e) Tandem consilium tam audax capit, ut scelus imperatori tribui non possit.

1 ut: dass nicht

9 Nervensäge
Neros Mutter hat viele gute Ratschläge. Übersetze.

a) Mater tibi neglegenda non est!
b) Carmina tibi cantanda non sunt!
c) In *theatro* tibi agendum non est!
d) Opera[1] Senecae tibi legenda sunt!
e) Praeceptis[2] eius tibi parendum est!
f) Iuste tibi regendum est!
g) Nam *tyranno* populus timendus est.

1 opus, operis *n.*: Werk – **2 praeceptum,** i: Vorschrift

10 Ein Schiff wird gebaut: Was ist zu tun?
Bilde Sätze, die Arbeitsaufträge mit Gerundiv und *esse* enthalten.

lignum, parare
arbores, caedere
servi, ad laborem incitare
navis, componere
velum[1], perficere
hostiae, immolare
venti et fluctus, observare[2]

1 velum, i: Segel – **2 observare:** beobachten

11 Kriminelle Energie
Achte bei der Übersetzung darauf, ob eine nd-Form mit *esse* vorliegt oder nicht.

Nero, cum consilium matris interficiendae cepisset, nescivit, quomodo id perficeret.
Illius enim nex occultanda erat.
Itaque Nero decrevit
venenum miscendum non esse,
matrem ferro occidendam non esse,
sed caedem clam perficiendam esse.
Anicetus proposuit, ut matrem invitaret
ad navem novam spectandam.
Mater nihil metuens advenit.
Nam sibi filium cavendum esse non putabat …

Modell einer römischen Triere

Befehl zum Selbstmord

Doch nicht nur Neros Mutter fällt seinem Wüten zum Opfer. Auch der Philosoph Seneca, Neros früherer Mentor und Lehrer, bleibt nicht verschont: Er erhält durch einen Zenturio den Befehl zum Selbstmord.

Seneca in-territus poposcit testāmentī[1] tabulās. Centuriōne[2] id negante Seneca cum familiāribus breviter locūtus est:

»Amīcī, quoniam prohibeor, nē beneficiīs vestrīs grātiam referam, saltem[3] hoc ūnum pulcherrimum vōbīs relinquam: exemplum vītae meae. Quod secūtī frūctum amīcitiae cōnservābitis. Cūr lacrimās funditis?

Ubī nunc sapientia, ubī ratiō praecepta? Quis enim īgnārus fuit saevitiae[4] Nerōnis? Num aliud superest post mātrem frātremque interfectōs, nisī ut etiam mihī moriendum sit?

Hortor vōs, nē maestī fīātis. Patiāmur dolōrēs!«

Hīs verbīs dictīs uxōrem amātam complectitur. Eī persuādet ē cubiculō[5] ēgredī, nē dolōre suō animum eius terreat.

Tum ferrō vēnās[6] aperit mortem facilem exspectāns. Etiam venēnō ūtitur.

Tunc, dum ēloquentia nōndum abest, ad-vocātīs scrīptōribus multa trādit, quae in vulgus ēdita sunt.

Postrēmō Seneca occidit.

1 testāmentum, ī: Testament

2 centuriō, iōnis *m.:* Zenturio *(Soldat im Offiziersrang, der vom Kaiser geschickt worden war)*

3 saltem *(Adv.):* wenigstens

4 saevitia, ae*: Substantiv zu* saevus; *erschließe die Bedeutung*

5 cubiculum, ī: Zimmer

6 vēna, ae: Ader

1 Formuliere deine Erwartungen an den Inhalt des Textes. Nutze dazu die Informationen aus dem Einleitungstext und dem Bild.

2 Gliedere den Text und gib den einzelnen Abschnitten Überschriften.

3|1 Beschreibe, wie Seneca auf den Befehl zum Selbstmord reagiert. Belege deine Aussagen am Text.

2 Informiere dich über die Philosophie der Stoa (S. 52 f.). Arbeite heraus, nach welchen stoischen Grundsätzen Seneca im Text spricht und handelt.

4|1 Diesen Bericht hat uns ca. 40 Jahre später der Geschichtsschreiber Tacitus überliefert. Diskutiere, ob die Darstellung der historischen Wahrheit entspricht: Was kann Tacitus wissen, was nicht?

2 Überlege, was Tacitus mit dieser Darstellung beabsichtigen könnte.

Grundwissen: Seneca

Ein Herrscher lasse Milde walten. Dies schrieb der Philosoph Seneca in seinem Werk »De clementia« an Nero, um ihn auf seine Aufgaben als Kaiser vorzubereiten. Als Neros Erzieher und Ratgeber hatte der Philosoph große politische Macht – und er gehörte mit zu den reichsten Männern Roms. Doch Seneca musste erkennen, dass Nero sich immer mehr zu einem prunksüchtigen und grausamen Kaiser entwickelte. Deshalb zog er sich aus der Politik zurück. Im Jahr 64 n. Chr. kam es zu einer Verschwörung gegen Nero. Sie scheiterte. Ob Seneca beteiligt war oder ob persönliche Rachegefühle Nero zu seinem Selbstmordbefehl veranlasst haben, wissen wir nicht. Nero ließ jedenfalls keine Milde walten.

*Ein Lob der Gottheit

Senecas Geisteshaltung verdankt sich vielen Lehrmeistern. Einer von ihnen war Kleanthes, der die Stoa im 3. Jahrhundert vor Christus leitete. Sein Hymnus an Zeus zeigt wichtige Grundprinzipien der Stoa:

Salvē, Iuppiter, quī es deus optimus maximusque! Tū prīnceps nātūrae, tū ratiō mundī[1] es; tuā lēge et fātō aeternō[2] omnibus imperās.

Tū pater hominum: Ā tē genitī[3] sumus quasi[4] imāginēs deī. Tū es mihī laudandus, tua potestās semper mihī laudibus tollenda est.

Nihil umquam fit, cuius causa tū nōn es – neque in caelō[5] neque in terrā neque in undīs – exceptīs facinoribus, quae scelerātī virtūtem neglegentēs committunt. Utinam omnēs hominēs lēgēs tuās sequerentur! Sed ratiōnis īgnārī voluptātēs turpiōrēs vel māius lucrum appetunt.

Ō Iuppiter omnipotēns[6], hōs īgnōrantēs ā malīs cōnservā, ad virtūtem hortāre! Docē ratiōnem, quā rēs et nātūram iūstē regis! Nōs autem decet hoc semper meminisse tēque carminibusque laetīs celebrāre[7].

1 mundus, ī: Welt

2 aeternus, a, um: ewig

3 gignere, gignō, genuī, genitum: erschaffen

4 quasi: sozusagen als

5 caelum, ī: Himmel

6 omnipotēns: allmächtig

7 celebrāre: feiern

1 Informiere dich über die Grundprinzipien der Stoa (z. B. auf S. 52 f.). Weise stoische Gedanken im Text nach.

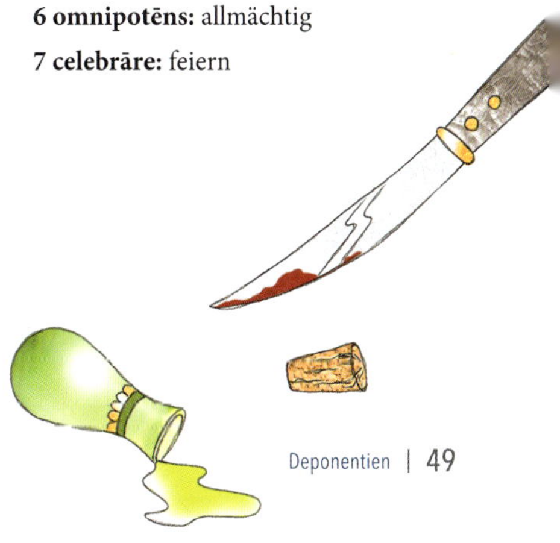

41 Kaiser Nero und Seneca

1 Frühe Warnung vor Nero
Übersetze und beschreibe dann die neuen Erscheinungen.

a) Mater Neronis Senecam monet.
Mater Neronis Senecam hortatur[1]:
b) »Multas calamitates feremus!
Multas calamitates patiemur[2]!«
c) Et Nero re vera multos homines necat.
Re vera multi homines a Nerone necantur.
Multi homines iussu Neronis moriuntur[3].

1 hortari: ermahnen – **2 pati:** (er)leiden – **3 mori:** sterben

2 Es wird noch schlimmer

Übersetze und beschreibe, was das Besondere an *fieri* ist.

Nero vir clarus fieri[1] cupit.
Ipse: »Fac me poetam optimum!«
Seneca: »Poeta non fis, sed imperator bonus fias!«
Sed factum est, ut Nero imperator malus fieret. Nam multa scelera a Nerone imperatore facta sunt.
Seneca: »Nos quoque viri mali fiemus, si imperatori parebimus.«

1 fieri: werden/geschehen

3 Wortfix: Nenne zu jedem Bild das entsprechende lateinische Wort.

4 Welches Wort passt nicht? Entscheide nach inhaltlichen Kriterien und begründe deine Wahl.

a) hortari – praecipere – fieri – imperare
b) mori – occidere – mortem obire – negare
c) uti – amicitia – complecti – diligere
d) se recipere – aestimare – abire – egredi

5 Wörter umschreiben: Nenne das gesuchte Wort und seine Bedeutung.

a) in arboribus crescunt: _ _ _ _ _ _ _
b) qui nihil scit, est …: _ _ _ _ _ _ _
c) dicere, narrare, referre, …: _ _ _ _ _
d) restare: _ _ _ _ _ _ _ _ _

6 Eselsbrücken
Lies dir den Text »Befehl zum Selbstmord« durch und notiere alle Vokabeln, die du nicht kennst. Ermittle die Grundform und frage deinen Partner nach der Bedeutung oder schlage nach. Überlegt euch gemeinsam Eselsbrücken für diese Wörter.

7 | 1 Für Sprachforscher: Nenne die lateinischen Ursprungswörter und ihre Bedeutung.
2 Erkläre die Bedeutung der Fremdwörter und vergleiche sie mit dem lateinischen Wort.

exemplarisch – Konserve – Patient – konsequent – passiv – Usus

8 | 1 Passiv-Endungen: Ordne zu.

2 Bilde zu den Pronomen die Präsens-Formen von *sequi* und übersetze sie.

ego	-tur
tu	-or
ille	-mini
nos	-ntur
vos	-mur
isti	-ris

9 **Deponens: Ja oder nein?**
Bestimme das Tempus und übersetze.
Achte dabei darauf, ob das Verb ein Deponens ist (das du im Aktiv übersetzen musst) oder nicht.

a) necatur – moritur – utitur – hortatur
b) loquuntur – laudantur – sequuntur
c) accusati sunt – mortui sunt – egressi sunt
d) moriebaris – conservabaris – puniebaris
e) adducta eram – complexa eram – passa eram

10 **Ne, ne, ne: Übersetze und unterscheide.**

Ego tibi persuadeo, ut id facias/ne id facias.
Te prohibeo, ne id facias.
Te hortor, ne id facias.
Timeo, ne id facias.
Ne id feceris!

11 **»Tabu!« - Heute mal mit Grammatik**
Bildet Zweierteams. Immer abwechselnd erklärt einer von euch seinem Partner einen Begriff *(z. B. Passiv ...)*, ohne diesen zu nennen. Für jeden erratenen Begriff gibt es einen Punkt. Welches Team gewinnt?

12 | 1 Vom glücklichen Leben: Untersuche die vorherrschenden Sachfelder und benenne, welche beiden gegensätzlichen Themenbereiche im Vordergrund stehen.

2 **Markiere die Prädikate und klammere die Partizipialkonstruktionen ein.**

3 **Übersetze.**

Ab amicis de vita beata[1] quaesitus Seneca ita respondit: »Sola ratione duce vita beata[1] agitur.
Homines autem rationem neglegentes exempla mala sequuntur. Divites fieri volunt. Divitiis ingentibus comparatis homines tamen felices non sunt. Multis lacrimis fusis postremo miseri occidunt. Nam e vita mala fructus bonos non capiunt. Ergo etiam in calamitate ratio adhibenda est.
Omnia enim mala aequo animo[2] patienda sunt. Amicitia bonorum hominum conservata vir sapiens sine doloribus morietur – etiamsi Nerone auctore moritur!«

1 beatus, a, um: glücklich – **2 aequo animo:** mit Gleichmut

Grundwissen: Philosophie

Wer sind wir? Woher kommen wir? Wozu leben wir? Wohin gehen wir? In diesen Kernfragen der Menschheit sehen viele den Ursprung von Religion. Die Griechen suchten Antworten nicht nur in religiösen Schriften, sondern in der Beobachtung der Natur und in der Betrachtung des Menschen. Diese neue Form der Suche nannten sie **Philosophie (Liebe zur Weisheit).** Es entwickelten sich vier große Philosophenschulen, die auch das römische Denken beeinflussten. Sie stammten alle aus Athen.

1 Die Schule des Platon, Mosaik aus Pompeji, 1. Jhdt. v. Chr.

Die Akademie

388 v. Chr. gründete **Platon** die erste Philosophenschule. Er nannte sie Akademie nach dem Hain des attischen Heros Akademos. Es gab ein festes Unterrichtsgebäude für Lehrer und Schüler.

Die Philosophie weckt nach Platon im Menschen den Wunsch nach Erforschung der Wahrheit. Die Wahrheit nennt er **»Ideen«.** Man kann sie jedoch nicht sehen: Die sichtbare Welt zeigt nur unvollkommene Abbilder der Ideenwelt – wir sehen nur die Schattenrisse an der Wand, nicht aber die Figur, die den Schatten eigentlich wirft.

Die Seele (psyché, lat. anima) kommt aus der Ideenwelt und strebt immer wieder nach deren Erkenntnis. Beim Philosophieren taucht sie momentweise in sie ein und erinnert sich an das, was sie vor ihrer Geburt gesehen hat. Da sie aber im Gefängnis des Körpers gefangen ist, kann sie erst nach dem Tod dorthin zurückkehren.

Der Peripatos

Der Peripatos (= Wandelhalle) geht auf **Aristoteles,** einen Schüler Platons und späteren Lehrer Alexanders des Großen, zurück. Er lehrte Grundlagenwissen, vor allem in der Mathematik. Die Ideenlehre ersetzte er durch die Lehre der Einheit von Idee (Form) und Materie (Stoff). In den Dingen verschmelzen Form und Materie. Das Wesen des Dinges ist im Ding selbst zu finden und kann daher durch Beobachtung untersucht werden.

Aristoteles gilt außerdem als Begründer der Logik. Er formulierte als Grundprinzip: Eine Aussage ist entweder wahr oder falsch; eine dritte Möglichkeit gibt es nicht.

Die Stoa

Gegründet von Zenon von Kition (ca. 332–262 v. Chr.), hat die Stoa ihren Namen von einer Säulenhalle in Athen. Die Stoiker lehren, dass dem Kosmos ein **vernünftiges göttliches Weltgesetz (*lógos*, lat. *ratio*)** zugrunde liegt. Für sie ist der Mensch das einzige Wesen, das den im Kosmos waltenden Logos (Gott) durch **Vernunft** erkennen kann. Ziel des Lebens muss es sein, sich nur von der Vernunft leiten zu lassen. Nur so wird man ein glückliches Leben führen können – indem man sich nicht von seinen Gefühlen bestimmen lässt, sondern allein der Vernunft folgt.

Das Leben wird dabei nicht vom Zufall gelenkt, sondern vom Schicksal, das einem jeden schon vorherbestimmt ist. Glücklich ist, wer weise sein Schicksal annimmt und es dabei wie ein Zuschauer von außen betrachtet. Das eigene Los kann sich jeden Tag wenden. Man darf nicht überheblich sein, wenn es gut ist, und nicht jammern, wenn es schlecht ist. Die Erfüllung der vom Schicksal auferlegten Pflichten ist Maßstab des Lebens. Wer zu dieser Erkenntnis gelangt, ist wirklich frei, auch als Sklave.

Der Kepos

Kepos = Garten, so der Name der Schule Epikurs (ca. 341–271 v. Chr.). Garten: Das klingt nach Entspannung und Lebensgenuss – und das ist auch schon der Kern von Epikurs Lehre. Wie in der Stoa geht es auch bei den Epikureern um die Frage, wie man ein glückliches Leben führen kann.

Ihre Antwort: Gut leben heißt für sie, der Lust zu folgen und sich von allem fernzuhalten, was den Genuss beeinträchtigt. Also im Luxus schwelgen, viel essen und sich betrinken – kurz, ein ausschweifendes Leben führen? Nein, ganz falsch! Auf den Rausch folgt immer der Kater. Und das gilt es unbedingt zu vermeiden. Darum heißt Lebensfreude für die Epikureer, mit Vernunft und Maß zu genießen.

2 Büste des Zenon von Kition

1 **Erkläre in eigenen Worten, was Philosophie ist.**

2 **Schreibe dir zu allen vier großen Philosophenschulen drei Stichpunkte heraus, die du dir als Grundwissen merken willst.**

3 Stoa des Attalos auf der Agora von Athen

Übersetzen

Da sitzt man vor einem lateinischen Text – und dann? Einfach drauflos übersetzen, das funktioniert nicht. Ganz früher, als die Sätze noch kurz und übersichtlich waren, ging das noch manchmal. Aber jetzt klappt das nicht mehr.

Damit du zu einer Lösung kommst und den Text richtig übersetzen kannst, musst du planvoll vorgehen. Dazu musst du immer zwei Ebenen im Blick haben:

1. Die inhaltliche Ebene: Worum geht es in dem Text?
2. Die sprachanalytische Ebene: Welche Formen stehen da?

Natürlich musst du während der Übersetzung und am Schluss immer wieder überprüfen: Habe ich etwas übersehen? Ist meine Übersetzung inhaltlich sinnvoll?

	Sinnerfassung	**Sprachanalyse**	**Selbstkontrolle**
Textebene	erste Vermutungen über Textinhalt: Ich überlege, worum es in dem Text gehen könnte (Hinweise z.B. aus Überschrift, dt. Einleitungstext).		Ich überprüfe meine Entscheidungen und korrigiere sie, wenn nötig.
	Inhaltliche Vorerschließung: Ich suche im lat. Text erste Hinweise auf den Inhalt (z.B. Personen, Sachfelder).		
Satzebene		Ich gliedere den Satz (Haupt- und Nebensätze).	
		Ich filtere den Satzkern (Subjekte und Prädikate) heraus.	
		Ich finde zusammengehörige Wörter und bilde Wortblöcke (z.B. Substantiv + KNG-kongruentes Adjektiv, Präposition + Substantiv etc.)	
	Ich gebe den Sinn des Satzes in eigenen Worten wieder.	Ich markiere satzwertige Konstruktionen (z.B. AcI, Partizipkonstruktion, Abl. abs.).	
Textebene	Ich kann einen logischen Zusammenhang herstellen zwischen den schon übersetzten Sätzen und dem neuen.		

(nach Gerhard Hey u. a.: Kompetent übersetzen, Bamberg 2015)

Du siehst also: Nur durch das Zusammenspiel von inhaltlicher Betrachtung und Formenanalyse gelingt eine gute Übersetzung.

Für die sprachliche Analyse hast du verschiedene Methoden gelernt:

1. **Konstruktionsmethode**
   Du arbeitest meist mit der Konstruktionsmethode, auch wenn du es nicht so nennst. Du hast sie schon in deinem ersten Lernjahr kennengelernt: Denn du beginnst beim Übersetzen immer beim Satzkern. Von dort ausgehend fragst du dann nach den anderen Satzteilen.
   Die einzelnen Satzglieder kannst du zur besseren Übersicht entweder farbig unterstreichen – oder, wenn du möchtest, in einem Strukturbaum darstellen:

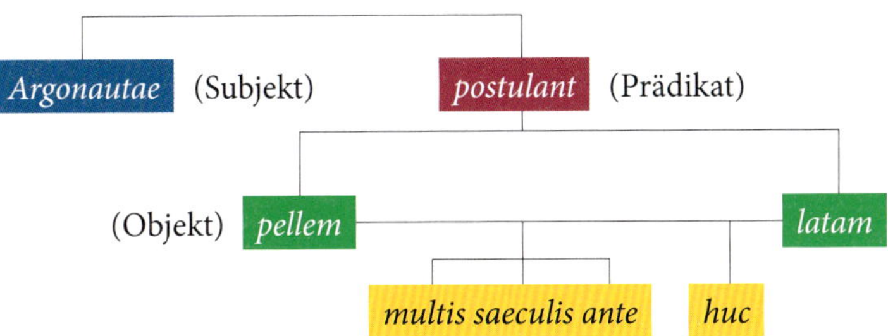

2. **Lineares Dekodieren**
   Der Satz wird in der Reihenfolge, wie er da steht, bearbeitet. Markiert werden:
   - Verbformen (und ggf. zugehörige Subjekte)
   - Konnektoren (d.h. verbindende Wörter wie *et* oder Nebensatzeinleitungen wie *ut, si, postquam* o.ä.)
   - ggf. satzwertige Konstruktionen

   Anhand dieser Grobstruktur erfolgt eine erste Grobübersetzung.

3. **Einrückmethode**
   Die Einrückmethode eignet sich besonders für längere Sätze mit mehreren Nebensätzen. Durch sie kannst du leicht den Überblick behalten und in unübersichtlichen Sätzen gut zwischen Haupt- und Nebensätzen unterscheiden.

   Audiās cōnsilium meum,
       etsī timeō,
           nē id parvī aestimēs.

4. **Satzwertige Konstruktionen**
   Unter diesem Begriff versteht man lateinische Konstruktionen, die du im Deutschen oft mit einem Nebensatz wiedergeben musst: also den AcI (dass-Satz) und Partizipkonstruktionen wie das PC und den Abl. abs. (Nebensätze oder Beiordnung).
   Um nicht den Überblick zu verlieren, klammerst du sie erst einmal ein und übersetzt zuerst den restlichen Satz.

Das habe ich gelernt:
Beim Übersetzen muss ich auf den Inhalt und auf die Formen schauen.

Kaiser Nero und Seneca

1 | 1 Mutter Latein und ihre Töchter - Portugiesisch
Führe die unterstrichenen Worte auf ihren lateinischen Ursprung zurück.

2 Erschließe den Inhalt der folgenden Sätze aus Wikipedia.

No ano 65, Séneca foi acusado de ter participado da conspiração de Pisão. Sem qualquer julgamento, foi obrigado a cometer o suicídio. Na presença dos seus amigos cortou os pulsos com o ânimo sereno que defendia em sua filosofia.

2 Deponentien
Ordne die Formen von *pati* und *sinere* einander zu - und übersetze sie.

sinere	pati
sinebam - sino - siverunt - sinemus	patior - passi sunt - patiebar - patiemur

3 fieri
Setze die Formen von *facere* ins Passiv, d. h. bilde die entsprechenden Formen von *fieri.*

faciunt – facio – feceras – faciebamus – faciet – fecisses – faceretis – fecistis

4 Über die Freundschaft
Übersetze und achte dabei besonders auf die Übersetzung des Gerundivs mit *esse.*

a) Amicitia nobis servanda est.
b) Amicus amico magni aestimandus est.
c) Amici bonis viris numquam fallendi, immo semper adiuvandi sunt.
d) Bona exempla amicis sequenda sunt, mala evitanda.
e) Fides nobis non verbis, sed factis probanda est.

5 Das Selbstverständnis römischer Soldaten:
Ergänze das in Klammern angegebene Wort als *dativus auctoris* und übersetze.

a) Fortiter pugnandum est. (milites)
b) Barbari numquam timendi sunt. (Romani)
c) Oppida hostium delenda sunt. (nos)
d) Leges pacis accipiendae sunt. (hostes)
e) Exempla virtutis conservanda et tradenda sunt. (scriptores)
f) Barbaris parcendum non est. (nos)

6 Welches Wort passt grammatikalisch nicht?
Begründe deine Entscheidung.

a) egredior – complector – aequor – sequor
b) ponitur – loquitur – moritur – patitur
c) locutus sum – usus sum – ignarus sum – mortuus sum
d) miscendum – nondum – componendum – faciendum
e) servanti – perficiendi – moriendi – imperandi

7 | 1 Irrläufer-Reihen selbst gemacht
Bilde eigene Irrläufer-Reihen aus vier Wörtern. Beachte dabei, dass immer drei Wörter eine Gemeinsamkeit haben, die sie eindeutig vom vierten Wort trennt.

2 Tausche die Irrläufer mit deinem Partner aus oder sammelt sie in der Klasse. Wer kann die meisten Aufgaben richtig lösen?

8 **Synonyme …**
Finde lateinische Synonyme zu folgenden Wörtern.

iubere – gladius – mors – mare – monere – maestus – exire

9 **… und Gegensätze**
Gib zu folgenden Vokabeln lateinische Wörter an, die das Gegenteil bezeichnen.

magnus – vir – longus – vivere – iuvenis – difficilis – vita

10 **Für Sprachforscher: Führe in folgendem Text die markierten Fremdwörter auf ihren lateinischen Ursprung zurück.**

Frustriert kommt der Musiklehrer aus dem *Kolloquium:* »Die Schüler werden immer *ignoranter.* Sie sind *perfekte* Schauspieler, kennen aber keinen einzigen *Komponisten.* Schon an einfachen *Exempeln* scheitern sie, von *komplexen Sequenzen* ganz zu schweigen! Bin ich wirklich zu *konservativ,* wenn ich nach *Intervallen* frage oder gar nach Bachs *Passionen?*«

11 | 1 **Sapientia Romanorum: Übersetze und erkläre die Redensarten.**

2 **Recherchiere ihre Herkunft.**

a) Fiat lux!
b) Quod erat demonstrandum!
c) ridendo dicere verum
d) Ceterum[1] censeo Carthaginem esse delendam.
e) Rem tene, verba sequentur.
f) Tamen est laudanda voluntas.

1 ceterum: im Übrigen

12 | 1 **Beschreibe das Bild von Senecas Tod. Achte z. B. auf Elemente der Entstehungszeit, die Anzahl der Figuren und was im Mittelpunkt steht.**

2 **Vergleiche es anschließend mit dem Lektionstext.**

3 **Suche (z. B. im Internet) weitere Bilder und vergleiche sie.**

Jacques-Louis David (1748–1825), Der Tod Senecas, Paris, Musée Des Beaux-Arts.

1

3

Klöster – Horte des Wissens

Zur Schule gehen? Im frühen Mittelalter für die meisten Menschen undenkbar. Erst Karl der Große versuchte, Bildung breiteren Schichten zugänglich zu machen. Kein Ort erschien dafür geeigneter als die Benediktinerklöster. Den Benediktinern galt Bildung als Zeichen wahrer *humanitas.* Überall im fränkischen Reich entstanden Klosterschulen. Man fertigte Handschriften an, gründete Bibliotheken und rettete so der Nachwelt auch die Werke antiker Schriftsteller. Gerade für Mädchen war der Eintritt in ein Kloster oft gleichbedeutend mit der Teilhabe an umfassender Bildung. Klöster waren damit nicht nur Orte der Einkehr und Demut, sondern auch des geistigen Fortschritts, selbst wenn oder gerade weil Fresken (wie auf dem unteren Bild) immer wieder daran erinnerten, dass man vor Gott einst Rechenschaft über sein Leben ablegen muss.

in capite: quod descendit i
barbam barbam aaron.
Quod descendit in oram ue
stimenti eius: sicut ros her
mon qui descendit in mō
tem syon. Qm̄ illic manda
uit dominus bn̄dictionē:
et uitam usq; in sclm.
Ecce nunc bn̄dicite
dn̄m: omnes ser
ui domini.
Qui statis in domo domini: i atriis

❷

1 **Erstelle eine schön gestaltete »mittelalterliche« Handschrift.**

2 **Beschreibe das Fresko und vergleiche es mit Lektionstext 43.**

3 **Berühmt war die Bibliothek des Klosters St. Gallen. Informiere dich mithilfe eines Lexikons oder des Internets.**

1 Kloster von Noirlac, Frankreich | 2 Englische Buchmalerei; Oxford um 1240: Beginn von Psalm 133 | 3 Kottingwörth, Kirche St. Vitus, Modestus und Kreszentia, Wandfresken (13. Jh.)

Folgenschwere Verkleidung

In der Legenda aurea, einer Sammlung von Heiligengeschichten aus dem 13. Jahrhundert, lesen wir auch die Geschichte von der heiligen Marina:

Marīna virgō ūnica nāta erat patrī suō. Pater autem, cum sibī fīlium dēsīderāvisset, mūtāvit habitum fīliae suae, ut nōn virgō, sed iuvenis esse vidērētur. Cum eā monastērium[1] quoddam adiit rogātūrus, ut abbās[2] et frātres ›fīlium suum ūnicum‹ reciperent. Quibus eius precibus annuentibus[3] monacus[4] factus et frāter Marīnus appellatus est.

Coepit valdē religiōsē vīvere et valdē oboediēns[5] esse. Cum autem pater eius sē mortī appropinquāre sentīret, fīliam suam vocāvit et eī praecēpit: »Scīs mē semper spērāvisse, ut ē gente nostrā fīlius nāscerētur, sed frūstrā. Itaque nē dīxeris cuiquam tē esse mulierem, nē tum quidem cum cōgeris. Semper memor sīs verbōrum meōrum!«

›Monacus[4]‹ in monastērium[1] reversus frequenter cum bōbus ē silvīs ligna in monastērium[1] dēferēbat. Cōnsuēverat in itinere morārī in domō cuiusdam viri. Cuius fīlia aliquandō, cum dē quōdam mīlite concēpisset[6], Marīnum monachum[4] sē violāvisse contendit. Interrogātus autem Marīnus, cur tantum flāgitium commīsisset, sē peccāvisse fatētur et veniam precātur. Statim dē monastēriō[1] ēiectus ad portam monastēriī[1] manet.

Haud plūribus annīs post ›fīlius Marīnī‹ ad monastērium[1] mittitur et Marīnō trāditur, ut ab eō ēducātur. Quī autem omnia recipiēbat maximā patientiā. Tandem eius humilitātis[7] et patientiae frātrēs miseritī[8] eum in monastērium[1] recipiunt et quaeque[9] officia vīliōra[10] eī impōnunt. Ipse autem omnia hilariter[11] suscipiēbat et cūncta patienter[12] et dēvōtē[13] agēbat. Tandem dē vītā migrāvit[14] ad Dominum.

Monacī[4] autem corpus eius in vīlī[10] locō conditūrī, cum lavārent[15], mulierem ipsum esse vīdērunt. Perterritī sē in Deī famulam[16] plūrimum peccāvisse fatentur. Corpus igitur eius in ecclēsiā honōrificentissimē[17] pōnunt. Ad cuius sepulchrum populī undique conveniunt et multa mīrācula[18] ibī fiunt.

1 **monastērium,** ī: Kloster
2 **abbās,** ātis *m.*: Abt
3 **annuere:** zustimmen
4 **monacus,** ī: Mönch
5 **oboediēns:** gehorsam
6 **concipere,** -cipiō, -cēpī, -ceptum: *(hier)* schwanger werden
7 **humilitās,** tātis *f.*: demütiges Wesen
8 **miserērī** *(+ Gen.)*: Mitleid haben *mit*
9 **quaeque:** jede Art von
10 **vīlis,** e: gering; minderwertig; unbedeutend
11 **hilaris,** e: heiter
12 **patienter:** *erschließe die Bedeutung aus* patientia
13 **dēvōtus,** a, um: gottergeben; andächtig
14 **migrāre:** wandern
15 **lavāre:** waschen
16 **famula,** ae: Dienerin
17 **honōrificus,** a, um: ehrenvoll
18 **mīrāculum,** ī: Wunder

1 **Lies die ersten beiden Sätze (Z. 1–3) und die Überschrift: Was erfährst du über Marina? Formuliere Vermutungen, wie die Geschichte weitergeht.**

2 **Überlege, was Marina tun muss, um unerkannt zu bleiben.**

3 **Gliedere die Geschichte und fasse die Abschnitte in eigenen Worten zusammen.**

4 **Erkläre, was Marina vorgeworfen wird und wie sie darauf reagiert. Bewerte ihr Verhalten und diskutiere Alternativen.**

5 **Lies den Sachtext über das Leben der Mönche und arbeite aus dem lateinischen Text heraus, inwiefern Marina mönchische Tugenden verkörpert.**

42

Leben in Einkehr

Wer in ein Kloster eintritt, weiß, dass er sein Leben von Grund auf ändern muss. Benedikt von Nursia, der Gründer des Benediktinerordens, nennt zwölf Stufen der Demut, die Ordensleute durchlaufen müssen, um ein vollkommenes Leben im Kloster zu führen: Neben Gottesfurcht und strenger Einhaltung der Ordensregel zählt dazu auch unbedingter Gehorsam gegenüber Abt bzw. Äbtissin, selbst wenn diese hart und ungerecht sind. In seiner idealen Form bildet die Klostergemeinschaft ein Abbild der himmlischen Gemeinschaft mit Gott. Dass es in Klöstern bisweilen auch recht menschlich zugeht, erfahren wir aus den Klostergeschichten St. Gallens. So musste beispielsweise ein Abt tatenlos mit ansehen, wie sein gut aussehender Pförtnermönch durchaus nicht unwillig dem Ruf der schönen Herzogin vom Hohentwiel folgt, die von ihm Latein zu lernen wünscht und dabei nicht nur die Nichte, sondern unglücklicherweise gleichzeitig die Landesherrin des Abtes ist …

Eine Reise ins Jenseits

Müde war der fromme Bauer Thurkillus von der anstrengenden Feldarbeit zurückgekehrt. Ein seltsamer Tag: Er hatte einen Fremden getroffen, der sich als Iulianus vorgestellt und angekündigt hatte, dass er ihn am Abend abholen und zu einer ungewöhnlichen Reise mitnehmen wolle …

Thurkillus sē iam in lectum recēperat atque membra somnō dederat, cum sānctus Iūliānus vēnit dīcēns: »Tempus est, ut iam prōgrediāmur.« Tum dīxit sē cum Thurkillī animā ad īnferna[1] rēgna abitūrum esse, sed corpus eius remānsūrum esse: »Quiēscat interim corpus tuum. Sed nē corpus tuum exstīnctum videātur, vītālem[2] in tē flātum[3] dīmittam.« – Sīc ambō profectī sunt.

Proximō autem diē uxor Thurkillī et necessāriī prīmō frūstrā expertī sunt, sī Thurkillus excitārī posset. Vesperī[4] aquam benedictam[5] in eius ōs iniēcērunt. Quō factō ille surgit et super lectum cōnsīdit dīcēns: »Certē mīrāminī, quae facta sint: Prīmum advēnimus ad loca īnferna[1], ubī vīdī maximās flammās. Ibī nōbīs occurrit sānctus Iacōbus, quī nōbīs ostendit loca paenitentiae[6].

Mox ad lībram[7] quandam vēnimus. Cuius alterā ex parte beātus Paulus erat, alterā ex parte diabolus. Uterque duo pondera habēbat, māius atque minus, Paulus aureum et argenteum, diabolus pondera nigra. Socius meus mē docuit Paulum animās mortuōrum advenientēs in lībrā[7] positūrum esse, ut vidēret, utrum dignae essent pūrgātōriō[8] an gehennā[9].

Attentus[10] spectābam: Sacerdōs quīdam peccātīs inquinātus[11] ad lībram[7] accessit; beātus Paulus studiō lēgis dīvīnae accēnsus dūrius vītam indignī sacerdōtis reprehendēbat; tamen miserātus[12] hominem ambō pondera posuit in lībrā[7]. Quibus nōn sufficientibus[13] aspersōrium[14] in aquā benedictā[5] intīnctum[15] in lībrā[7] tam vehementer dēposuit, ut pondera inimīcī in āëra tollerentur, ūnusque ex eīs ex lībrā[7] cadēns pedem diabolī laederet. Sīc miserātiōne[16] apostolī[17] sacerdōs ille ā potestāte diabolī līberātus in pūrgātōrium[8] missus est.«

1 **īnfernus,** a, um: Toten-; Höllen-
2 **vītālis,** e: lebendig; Lebens-
3 **flātus,** ūs *m.*: Hauch; Atem
4 **vesperī:** am Abend
5 **benedictus,** a, um: geweiht; Weih-
6 **paenitentia,** ae: Reue
7 **lībra,** ae: Waage
8 **pūrgātōrium,** ī: Fegefeuer
9 **gehenna,** ae: Hölle
10 **attentus,** a, um: gespannt
11 **peccātīs inquinātus:** mit Sünden beschmutzt
12 **miserārī:** Mitleid haben mit
13 **sufficere:** ausreichen
14 **aspersōrium,** ī: Weihwasserwedel
15 **intingere,** -tingō, -tīnxī, -tīnctum: eintauchen
16 **miserātiō,** iōnis *f.*: Mitleid
17 **apostolus,** ī: Apostel

1|1 Lies die Überschrift und den Einleitungstext. Formuliere erste Vermutungen, worum es in der Geschichte geht. Beziehe auch das Bild mit ein.

2 Suche im Text nach Hinweisen, die deine Vermutungen stützen (z. B. einzelne Wörter oder Sätze, die du beim ersten Lesen verstanden hast).

2 Informiere dich über die christlichen Vorstellungen vom Jenseits.

3 Gliedere die Geschichte und fasse die Abschnitte in eigenen Worten zusammen.

4 Beurteile das Verhalten des Paulus.

Menetekel

Die Bibel erzählt folgende Geschichte: Während eines Gastmahls des Königs Belsazar in Babylon schrieb eine Hand auf die gekalkte Wand des Palastes folgende Worte: *Mene* (gezählt), *tekel* (gewogen), *u-parsin* (und geteilt). Dies bedeutete, dass Gott die Tage der Herrschaft Belsazars gezählt, gewogen und für zu leicht befunden habe. Nun werde er entmachtet und sein Reich geteilt.

Die Waage steht seit alters her symbolisch für die Taten der Menschen. In der Vorstellung der Ägypter wog der schakalköpfige Gott Anubis die Herzen der Verstorbenen. Danach entschied er, wer verdammt und wer zum ewigen Leben bestimmt werde. Diese Sicht gab es später auch im Christentum. Nur glaubte man hier, dass der Erzengel Michael die Seelen wiege. Er kämpfe um jede einzelne Seele, um sie dem Satan zu entreißen. Die Vorstellung, dass der Apostel Paulus dieses Amt Michaels ausübe, ist eher ungewöhnlich.

1 **Vor der Klosterpforte. Übersetze und beschreibe dann die neuen Erscheinungen.**

Medio aevo[1] homines monasteria[2] adierunt
- beneficia petituri
- auxilium Dei imploraturi
- etiam liberos suos udituri, ut discerent artem scribendi.

Pater monasterium[2] adiit filium traditurus.
Mater filium traditura multum flevit.
Monaci[3] autem puerum cum gaudio in monasterio[2] acceperunt.

1 medio aevo: im Mittelalter – **2 monasterium:** Kloster – **3 monacus,** i *m.*: Mönch

2 **Aeneas' Gang in die Unterwelt. Übersetze und beschreibe dann die neuen Erscheinungen.**

Aeneas regna inferna[1] accedit. Exspectat
- se patrem Anchisem conventurum esse.
- patrem sibi multa narraturum esse.
- fabulas fatum populi Romani aperturas esse.
- monstra se territura esse.
- se vivum ad solem reversurum[2] esse.

1 regna inferna: Unterwelt – **2 reverti:** zurückkehren

Buchmalerei aus einer Handschrift des Decretum Gratiani um 1300 n.Chr.

3 | 1 **Stelle alle lateinischen Wörter zusammen, die du brauchst, um das Bild zu beschreiben.**

2 **Bilde kurze lateinische Sätze und lass deinen Nachbarn übersetzen.**

4 **Welches Wort passt nicht?**
Entscheide nach inhaltlichen Kriterien und begründe deine Wahl.

a) flagitium – peccare – beneficium – violare
b) fateri – progredi – morari – proficisci
c) natus – pondus – frater – necessarius
d) divinus – diabolus – precari – ecclesia
e) membrum – pes – caput – bos

5 | 1 **Für Sprachforscher**
Nenne die lateinischen Ursprungswörter und ihre Bedeutung.

2 **Erkläre die Bedeutung der Fremdwörter bzw. der fremdsprachlichen Wörter.**

a) Fremdwörter: Progression – Frust – Pedal – frequentieren – Interrogativsatz
b) Englisch: violation – memory – to preach – necessity – divine – enemy
c) Französisch: sentiment – saint – diable – air

6 **Wörter umschreiben: Nenne das gesuchte Wort und seine Bedeutung.**

diutius manere: _ _ _ _ _ _
pars corporis, qua imus: _ _ _
ignem inicere: _ _ _ _ _ _ _ _ _
aliquem vulnere afficere: _ _ _ _ _ _ _
omnes: _ _ _ _ _ _
in quo quiescitur: _ _ _ _ _ _

7 Partizipien: Sortiere.

rogaturus – dicens – appellata – advenientes – eiectus – condituri – perterriti – abiturum – tollentem

PPA (GZ)	PPP (VZ)	PFA (NZ)

8 Nochmal Partizipien: Ergänze.

PPA (GZ)	PPP (VZ)	PFA (NZ)
	vocatam	
cadens		
		posituri
	accensus	

9 Infinitive im Aktiv: Sortiere.

desiderare – acturum esse – speravisse – missurum esse – recepisse – positurum esse

Präs. Akt.	Perf. Akt.	Futur Akt.

10 Infinitive im Passiv. Ergänze.

Präs. Akt.	Präs. Pass.	Perf. Pass.
desiderare		
videre		
cogere		

11 Und im Deutschen?
Bestimme das Zeitverhältnis.

Die Eltern begaben sich zum Kloster,
- weil sie dem Abt vertrauten.
- obwohl sie lange mit sich gerungen hatten.
- in der Absicht, ihren Sohn zu übergeben.

Der Junge glaubt,
- dass er es zu Hause schwer hatte.
- dass die Entscheidung der Eltern gut ist.
- dass er eine spannende Zeit haben wird.

12 Zeitverhältnisse beim Partizip und im AcI:
Bestimme und übersetze.

a) Marinus in monasterium[1] recipitur
- a fratribus ante neglectus.
- se feminam esse occultans.
- multa officia acturus.

b) Fratres putant
- se in Marinam peccavisse.
- corpus eius in ecclesia ponendum esse.
- virginem multa miracula[2] acturam esse.

1 monasterium: Kloster – **2 miraculum:** Wunder

13 Drei Bayern im Rheinland
Markiere die satzwertigen Konstruktionen, nenne das Zeitverhältnis und übersetze.

Tres Bavari mores aliorum Germanorum experturi profecti sunt. Venientes in Germaniam inferiorem cuidam civitati appropinquaverunt. Sed incolas celerrime loquentes non intellegebant neque ab eis intellegebantur. Unus ex tribus missus est ad tabernam. Dentes[1] demonstrans cupiditatem edendi[2] ostendit. Caupo[3] autem eum a doloribus dentium[1] liberaturus ad medicum[4] duxit. Ad socios reversus ille se duos dentes[1] amisisse dixit. Pleni timoris tres viri in Bavariam reverterunt.

1 dens: Zahn – **2 edere:** essen – **3 caupo:** Wirt – **4 medicus:** Arzt

1 Jan Cossiers, Jupiter und Lycaon, 17. Jhdt. Madrid, Museo del Prado.

Werwölfe

Werwolferzählungen finden sich in den Sagen der unterschiedlichsten Kulturen. Vielleicht haben Menschen damit Erfahrungen mit Tollwut oder mit Nervenkrankheiten (Psychosen) verarbeitet oder es offenbarten sich darin Ängste, die durch Wolfsplagen ausgelöst wurden. Diese negativen Gedanken erklären es auch, dass die Verwandlung in einen Wolf als Strafe (wie bei Lycaon) oder als Folge eines Bündnisses mit dem Teufel verstanden wurde.
Heute gibt es neben Horrordarstellungen auch Werwölfe, die Sympathieträger sind, so z.B. Remus Lupin, der bei J.K. Rowling Harry Potter im dritten Schuljahr die Verteidigung gegen dunkle Künste lehrt. Zum Schmunzeln bringt die Leser Christian Morgensterns Gedicht »Der Werwolf« (→ S. 73).

1 Beschreibe die beiden Abbildungen: Was siehst du? Welche Personen erkennst du? An welchen Merkmalen? Benenne auch, wie die Entstehungszeit der Kunstwerke sich in der Darstellung widerspiegelt.

2 Vergleiche die beiden Kunstwerke miteinander.

3 Vergleiche die beiden Kunstwerke mit dem Lektionstext 44: Welche Szene aus der Geschichte ist dargestellt? Was erfährst du aus dem lateinischen Text, was zeigen die bildlichen Darstellungen?

2 Real Fábrica de Porcelana del Buen Retiro, ca. 1790, Madrid, Museo del Prado.

Lycaon

Jupiter hat im Olymp eine Götterversammlung einberufen, um über die Vernichtung des frevlerischen Menschengeschlechts zu beraten. Schnaubend vor Wut erzählt er den ihn umringenden Göttern von seinem jüngsten Erlebnis auf Erden:

Īnfāmia[1] temporum nostrās aurēs contīgerat. Quam falsam esse cupiēns summō Olympō relictō dē caelō dēscendī. Deus quidem esse nōn vidēbar – sub imāgine hūmānā terrās lūstrābam[2].

Longum est[3] nārrāre, quantum crīminis sit repertum ubīque terrārum, sed hoc ūnum certum est: minor fuit ipsa īnfāmia[1] vērō.

Nocte tandem, dē[4] tertiā vigiliā, sēdem et inhospita[5] tēcta Lycāonis[6], tyrannī Arcadis[7], ingressus sum. Postquam sīgna dedī deum vēnisse, vulgus precārī coepit: Irrīdet[8] prīmō pia vōta Lycāōn[6], deinde ait:

»Quis vestrum istum aliēnum deum putat? Egō certē experiar, quālis sit ille – deus an mortālis.«

Tum mē somnō gravem necopīnā[9] morte perdere cōnātus est. Egō autem hās īnsidiās prōvidēns effūgī.

Iste quidem – ratus nōn satis scelerum esse – alterum facinus excōgitāvit: Proximō diē hominem quendam necāvit atque sēminecēs artūs[10] torruit[11] ignī subiectō. Deinde mēnsam, ad quam cubābam[12], adiit partēs corporis quasi cibum impositūrus.

»Quāle nefās, tālis poena« clāmāns tēcta et penātēs dominō dignōs vindice[13] flammā ēvertī.

Tyrannus ipse territus fūgit nactusque silentium rūris exululat[14] frūstrāque loquī cōnātur. Ecce: Appāret rabiēs[15] circum ōs; solitā cupiditāte caedis crūdēlis Lycāōn[6] statim sē vertit in pecora et nunc quoque sanguine gaudet. In villōs[16] vestēs, in crūra[17] lacertī[18] mūtārī spectantur. Etsī Lycāōn[6] vestīgia veteris fōrmae servat, etsī violentia vultūs eadem est, etsī īdem oculī lūcent[19], etsī imāgō furōris eadem est, ille nōn iam homō est – fit lupus!

1 īnfāmia, ae: übles Gerücht
2 lūstrāre: durchwandern
3 longum est: es würde zu weit führen
4 dē + *Abl.: (hier:)* um … herum
5 inhospitus, a, um: ungastlich
6 Lycāōn: Lykaon *(König in Arkadien)*
7 Arcās, adis: arkadisch
8 irrīdēre: lachen über
9 necopīnus, a, um: unerwartet
10 sēminecēs artūs *(Akk. Pl.)*: die halbtoten Glieder
11 torrēre: rösten
12 cubāre: liegen
13 vindex (*Gen.* vindicis): rächend; strafend
14 exululāre: aufheulen
15 rabiēs: Tollwut
16 villī, ōrum *m. Pl.*: Zotteln
17 crūs, crūris *n.*: Oberschenkel
18 lacertus, ī: Oberarm
19 lūcēre: leuchten

1 **Lies den Einleitungstext und formuliere erste Erwartungen zum Inhalt der Erzählung.**

2 **Gliedere die Geschichte und gib den einzelnen Abschnitten Überschriften.**

3 **Charakterisiere Lycaon und belege deine Antworten am Text.**

4 **Arbeite heraus, mit welchen stilistischen Mitteln der Charakter Lycaons deutlich gekennzeichnet wird.**

5 **»Quale nefas, talis poena«: Erkläre anhand der Zeilen 19–24, was damit gemeint ist.**

Grundwissen: Ovid

Wenn aus Raupen Schmetterlinge werden, spricht man in der Biologie von einer »Metamorphose« (griech. »Verwandlung«). Der römische Dichter Publius Ovidius Naso hat ebenfalls ein Werk mit dem Titel »Metamorphosen« geschrieben. Doch handelt es sich dabei nicht um eine Enzyklopädie des Tierlebens, sondern um mythologische Erzählungen: Ovid hat aus der antiken Mythologie gezielt solche Geschichten herausgegriffen, bei denen es um Verwandlungen geht. Meist werden sie von den Göttern veranlasst, manchmal als Belohnung, nicht selten als Strafe für Fehlverhalten, wie bei der Verwandlung des Lykaon.

Ovids Metamorphosen, die man wegen ihrer sprachlichen Gestaltung als Epos (wie etwa Homers Ilias und Vergils Aeneis) bezeichnet, galten schon in der Antike als Meisterwerk und haben unzählige Künstler beeinflusst. In jedem Museum kannst du Gemälde oder Skulpturen finden, die direkt auf seine Erzählungen zurückgehen.

Ovid lebte von 43 v. Chr. bis 17 n. Chr. Er war Kind und Opfer zugleich des augusteischen Zeitalters. Denn er fiel bei Augustus in Ungnade und wurde im Jahr 8. n. Chr. aus Rom verbannt. Daran ist er innerlich zerbrochen.

45 Erste Lektüre: Unter Wölfen

Gruselige Unterhaltung

Ein Gastmahl, die Gäste amüsieren und unterhalten sich. Sklaven gehen herum und schenken Wein nach – da verlangt der Gastgeber Trimalchio von einem seiner Gäste, Nikeros, eine interessante Geschichte zu erzählen.

Nīcerōs ā Trimalchiōne rogātus tālem fābulam nārrāvit: Cum adhūc servīret, dominum quondam Capuam[1] profectum esse. Tum sē nactum esse occāsiōnem amīcae vīsitandae[2]; sē persuāsisse hospitī, ut sēcum ad quīntum mīlliārium[3] discēderet. Quem autem fuisse mīlitem, fortem tamquam Orcum[4].

Nīcerōs valdē excitātus nārrāre perrēxit: »Profectī sumus circā gallicinia[5], lūna plēna lūcēbat[6], cum inter monumenta venīrēmus: Homō meus coepit ad stēlās facere[7], dum ipse cantāns cōnsistō et simulācra numerō.

Deinde, ut respexī ad comitem, exuit[8] sē et nūdus omnēs vestēs ad viam posuit. Mihī anima in nāsō[9] erat, stābam tamquam mortuus. At ille circumminxit[10] vestēs suās et subitō lupus factus est. Tum ululāre[11] coepit et in silvās fūgit. Prīmō nescīvī, ubī essem, deinde accessī, ut vestēs eius tollerem: Illae autem lapideae[12] factae sunt! Timōre paene mortuus sum! Gladium tamen strīnxī et tōtā viā umbrās cecīdī, dōnec ad vīllam amīcae meae pervenīrem.«

Nīcerōs nārrāvit: Sē intrāvisse et paene īnsānīvisse[13]: Sūdōrem[14] sibī per tōtum corpus volāvisse, oculōs quasi mortuōs fuisse. Amīcam suam mīrārī coepisse, quod ille tam sērō advenīret, et dīxisse: »Sī ante vēnissēs, nōs adiūvissēs!« Lupum enim vīllam intrāvisse et omnia pecora trucīdāvisse[15]. Tamquam laniōnem[16] sanguinem ex illīs mīsisse. Neque tamen impūne: Servum enim tēlō collum eius trāiēcisse[17].

»Haec«, cōnfessus est Nīcerōs, »ut audīvī, operīre oculōs amplius nōn potuī, sed lūmine clārō domum fūgī tamquam caupō compīlātus[18]; et postquam vēnī in illum locum, in quō lapideae[12] vestēs erant factae, nihil invēnī nisī sanguinem. Ut vērō domum vēnī, iacēbat mīles meus in lectō tamquam bōs, et collum illīus medicus cūrābat. Tum intellēxī illum versipellem[19] esse. Neque posteā cum illō pānem gustāre[20] potuī, nōn sī mē occīdissēs.«

1 Capuam: nach Capua
2 vīsitāre: besuchen
3 quīntus mīlliārius: fünfter Meilenstein
4 Orcus: Unterweltsgott; Teufel
5 circā gallicinia: zur Zeit des ersten Hahnenschreis
6 lūcēre: leuchten
7 ad stēlās facere: an die Grabsteine pinkeln
8 exuere, exuō, exuī: ausziehen
9 Mihī anima in nāsō erat: mir rutschte das Herz in die Hose
10 circum-mingere, -mingō, -mīnxī: um *etw.* herum-pinkeln
11 ululāre: heulen
12 lapideus, a, um: steinern; aus Stein
13 īnsānīre: verrückt werden
14 sūdor, ōris *m.:* Schweiß
15 trucīdāre: töten
16 lanio, iōnem *m.:* Metzger
17 trāicere, -iciō, iēcī, iectum: durchbohren
18 caupō compīlātus: ausgeraubter Wirt
19 versipellis, is *m.:* Werwolf
20 gustāre: kosten; probieren

1. **Suche aus dem ersten Abschnitt alle Personen heraus. Gib an, wie sie zusammengehören und was du schon über die Geschichte erfährst.**
2. **Benenne in den Zeilen 1b-5 Haupt- und Nebensätze. Was fällt dir auf?**
3. **Gliedere die Geschichte und gib den einzelnen Abschnitten Überschriften.**
4. **Erläutere, warum Nikeros nicht mehr mit seinem Gefährten speisen wollte.**
5. **Arbeite aus dem Text Merkmale einer Schauergeschichte heraus.**

Arbiter elegantiae (= Minister für Fragen des guten Geschmacks)

Kaiser Nero war in Geschmacksfragen sehr unsicher. Deshalb ließ er sich von *Petronius Arbiter* beraten. Petron hat seine Erfahrungen in sein nur teilweise erhaltenes Werk *Satyrica* einfließen lassen. Schonungslos karikiert er darin seine Zeitgenossen: Seine Figuren stammen aus den unteren Gesellschaftsschichten, sie erscheinen wenig gebildet, ihre Sprache ist derb. Der neureiche Freigelassene *Trimalchio* zeichnet sich z. B. dadurch aus, dass er die Grenzen des guten Geschmacks eigentlich unentwegt überschreitet. Am Ende seines Gastmahls lässt er sogar seine eigene Totenfeier zelebrieren, allerdings so laut, dass die Feuerwehr anrückt.
Und Petron wäre nicht Petron gewesen, hätte er nicht auch seinen eigenen Tod zu einem Event werden lassen: Als eine Verschwörung gegen Nero aufgedeckt wurde und er in Gefahr geriet, setzte er im Jahr 66 n.Chr. seinem Leben ein Ende – fröhlich feiernd mit Freunden und gutem Essen.

1 Götter und Menschen: Übersetze. Benenne die Erkennungsmerkmale des NcI und seine Unterschiede zum AcI.

Romani dicunt
- deos saepe tamquam homines agere.
- eos etiam in terram descendere.
- Iovem sceleratos poenis gravibus punire.

Dei saepe tamquam homines agere dicuntur. Dei etiam in terram descendere creduntur. Iuppiter sceleratos poenis gravibus punire fertur.

2 Vom Sklaven zum Millionär: Übersetze. Beschreibe die Veränderungen bei der Umwandlung einer wörtlichen in die indirekte Rede.

Trimalchio dicit:
- Olim[1] ego servus eram.
- Tam gratus[2] domino fui, ut mihi libertatem daret.
- Nunc ipse divitias et multos servos habeo.

Trimalchio dicit
- se olim[1] servum fuisse.
- se domino tam gratum[2] fuisse, ut sibi libertatem daret.
- nunc se ipsum divitias et multos servos habere.

1 olim *(Adv.)*: einst; früher – **2 gratus,** a, um: beliebt

3 Wortfix
Nenne zu jedem Bild ein passendes lateinisches Wort.

4 Sachfelder
Schreibe aus den Texten 44 und 45 alle Wörter aus folgenden Sachfeldern heraus:

a) »Sprechen« – b) »Tier und Mensch«

5 | 1 Gegensätze
Ordne zu und nenne die Bedeutung.

2 Dekliniere die Substantive.

A accedere	a servire
B maior	b terra
C caelum	c discedere
D rus	d nancisci
E imperare	e minor
F proficisci	f urbs

6 | 1 Für Sprachforscher
Nenne die lateinischen Ursprungswörter und gib die Bedeutung an.

2 Erkläre die Bedeutung der Begriffe.

Dt.: Respekt – Medizin – Experte – Mensa

Engl.: alien – violence – human – certain – Federal Bureau of Investigation (FBI)

Frz.: nude – le loup – fort – le pied – ami

7 | 1 Infinitive. Sortiere die Verbformen.

2 Ergänze die fehlenden Formen.

Aktiv		Passiv	
Präsens (gz)	Perfekt (vz)	Präsens (gz)	Perfekt (vz)

a) mutavisse – scribere – mixtum esse – duci
b) reperire – affici – editum esse – providisse
c) dici – subiecisse – opertum esse – tollere

8 NcI: Übersetze.

a) Lycaon tyrannus fuisse dicitur.
b) Hostis hominum fuisse videtur.
c) Saepe crudeliter egisse traditur.
d) Multa scelera commisisse fertur.
e) Etiam captivum necavisse auditur.
f) Recte damnatus esse creditur.
g) A deis punitus esse putatur.

9 | 1 Der Werwolf: Morgenstern »spielt« in seinem Gedicht mit den Kasus-Fragen. Erstelle eine Tabelle mit den lateinischen Kasus, Fragen und Satzgliedfunktionen.

Nominativ	Wer oder was?	Subjekt
Genitiv		

2 Dekliniere mit der Deklinationshand.

quis/qui (Wer-)
lupus (Wolf)

3 Recherchiere das Ende des Gedichts.

Christian Morgenstern: Der Werwolf (1907)

Ein Werwolf eines Nachts entwich
von Weib und Kind, und sich begab
an eines Dorfschullehrers Grab
und bat ihn: Bitte, beuge mich!

Der Dorfschulmeister stieg hinauf
auf seines Blechschilds Messingknauf
und sprach zum Wolf, der seine Pfoten
geduldig kreuzte vor dem Toten:

»Der Werwolf«, – sprach der gute Mann,
»des Weswolfs« – Genitiv sodann,
»dem Wemwolf« – Dativ, wie man's nennt,
»den Wenwolf« – damit hat's ein End.

10 | 1 Lupus et vulpes iudice simio: Beschreibe das Bild. Markiere alle AcI/NcI und übersetze.

2 Erkläre, wie die Fabel die Moral in Z. 1/2 illustriert.

Qui turpi fraude[1] semel[2] egit,
etiam si verum dicit, amittit fidem.

Hoc ostendit brevis Aesopi[3] fabula.

Lupus accusabat vulpem[4] furti[5] crimine;
negabat illa se id crimen commisisse.
Tunc iudex inter illos sedit simius[6].
Uterque[7] causam cum defendisset suam,
dixisse fertur simius sententiam[8]:
»Tu *(lupe)* non videris amisisse res, quas petis;
te *(vulpes)* credo arripuisse, quod pulchre
negas«.

1 fraus, fraudis *f.*: Betrug – **2 semel:** einmal – **3 Aesopus:** *griech. Fabeldichter* – **4 vulpes** *f.*: Füchsin – **5 furtum:** Diebstahl – **6 simius:** Affe – **7 uterque:** jeder von beiden – **8 sententiam dicere:** das Urteil sprechen

Bild von Percy Billinghurst

Lernwortschatz

Lektion 36

Wiederholung und neue Stammformen (PPP)

parāre	(vor)bereiten
exīstimāre	einschätzen; meinen
num	denn; etwa *(man erwartet die Antwort: nein)*
crēdere, crēdō, crēdidī, crēditum	1. glauben 2. anvertrauen
vēndere, vēndō, vēndidī, vēnditum	verkaufen
quam ob rem	warum? weshalb? (*rel. Satzanschluss:* deshalb)
causa, ae	»Motiv; Beweggrund« 1. Grund; Ursache 2. (juristisch:) Schuld; Fall; Prozess 3. (allgemein:) Sachverhalt; Sache
esse *(als Vollverb)*	vorhanden sein (»es gibt«)
dēfendere, dēfendō, dēfendī, dēfēnsum	verteidigen; abwehren
audēre	wagen
agere, agō, ēgī, āctum	»treiben« 1. tun; handeln 2. verhandeln

Lernwortschatz

	mors, mortis *f.*	Tod	→ mortuus, a, um; mortālis
	vindicāre	bestrafen; rächen	
	caedēs, is *f.* (*Gen. Pl.* caedium)	Mord; Blutbad	→ caedere
	crīmen, minis *n.*	1. Beschuldigung 2. Schuld 3. Verbrechen	kriminell, e. crime
5	suspīciō, iōnis *f.*	Verdacht; Vermutung	e. suspicion
	accūsāre *(+ Gen.)*	anklagen *(wegen einer Sache)*	Akkusativ
	māior, māius (*Gen.* māiōris)	1. größer; bedeutender 2. älter	→ magnus, a, um
	posteā *(Adv.)*	später	→ post
	patrōnus, ī	Schutzherr; Patron; Anwalt *(s. auch das Rondogramm zu »fides« in Lektion 32)*	
10	tot *(indekl.)*	so viele	
	ōrātor, ōris *m.*	Redner	→ ōrātiō
	aetās, tātis *f.*	Alter: 1. Zeitalter 2. Lebensalter	
	ingenium, ī	1. Begabung 2. Charakter	

	auctōritās, tātis *f.*	1. Ansehen 2. Einfluss; Macht	Autorität
15	aequus, a, um	gleich; gerecht	
	iniūria, ae	Unrecht; Ungerechtigkeit	→ (in-)iūstus, a, um
	palam *(Adv.)*	öffentlich	
	facultās, tātis *f.*	1. Möglichkeit 2. Fähigkeit 3. Besitz	→ facere
	improbus, a, um	schlecht; unverschämt	↔ probus, a, um
20	plūrimum *(Adv.)* plūrimum posse	am meisten; sehr größten Einfluss haben	
	aliquis (*Gen.* alicuius)	irgendjemand	
	falsus, a, um	falsch	
	iūdicium, ī	1. Gericht 2. Urteil	
	iūs, iūris *n.*	Recht	↔ iniūria
25	cīvitās, tātis *f.*	1. Bürgerschaft 2. Stadt; Staat	→ cīvis
	īnstitūtum, ī	Einrichtung	Institution

Lektion 37

Wiederholung

dīcere	sagen; sprechen
contendere, contendō, contendī, contentum	[»sich anstrengen«] 1. kämpfen 2. eilen 3. behaupten
cupidus, a, um *(+ Gen.)*	gierig *(nach etw.)*
quaerere, quaerō, quaesīvī, quaesitum	suchen; fragen
lucrum, ī	Gewinn
grātia, ae	*Positives Verhältnis zwischen Menschen:* 1. Ausstrahlung 2. Beliebtheit; Sympathie 3. Gefälligkeit 4. Dank

Lernwortschatz

	iūdex, dicis *m.*	Richter	→ iūs + dīcere
	accēdere, -cēdō, -cessī, -cessum	hingehen	e. access
	innocēns (*Gen.* innocentis)	unschuldig	e. innocent
	utinam	hoffentlich; wenn doch	
5	adversus, a, um	1. zugewandt 2. feindlich 3. ungünstig	→ adversārius

	iūstitia, ae	Gerechtigkeit	→ iūs, iūstus, a, um
	accūsātor, ōris *m.*	Ankläger	→ accūsāre
	reus, ī	Angeklagter	
	scīlicet	ja, natürlich *(oft ironisch)*	
10	sē tenēre	sich aufhalten	
	fīdēlis, e	treu	→ fīdus
	administrāre	verwalten	System-Administrator
	potius *(Adv.)*	eher; lieber	
	possessiō, iōnis *f.*	Besitz	
15	item *(Adv.)*	ebenso	
	contentus, a, um	zufrieden	
	spoliāre *(+ Abl.)*	plündern; *(einer Sache)* berauben	
	sors, sortis *f.* (*Gen. Pl.* sortium)	Schicksal; Orakel	
	restāre, -stō, -stitī, –	1. übrig bleiben 2. Widerstand leisten	Rest
20	probāre	1. prüfen 2. gut finden; billigen 3. beweisen	Probe
	nēve	und nicht; oder nicht	
	permittere, -mittō, -mīsī, -missum	erlauben	e. permission

Lektion 38

Wiederholung und neue Stammformen (PPP)

ferre, ferō, tulī, lātum	1. tragen 2. ertragen 3. berichten
postulāre	fordern
prīnceps, prīncipis *m.*	der erste; der vornehmste *Subst.:* Anführer; Kaiser
referre, referō, rettulī, relātum	1. (zurück)bringen 2. berichten
perīre, -eō, -iī, -itum	zugrunde gehen
comparāre	1. beschaffen 2. vergleichen
impōnere, -pōnō, -posuī, -positum	auferlegen
furor, furōris *m.*	Wut; Raserei
ōs, ōris *n.*	Mund; Gesicht
tangere, tangō, tetigī, tāctum	berühren
adhibēre	anwenden; hinzuziehen
rapere, rapiō, rapuī, raptum	rauben; (weg)reißen

Lernwortschatz

	perdere, perdō, perdidī, perditum	zugrunde richten	
	ōra, ae	Küste	~ lītus
	saeculum, ī	Zeitalter; Jahrhundert	vgl. Säkularfeier
	hūc *(Adv.)*	hierhin	→ hīc
5	reperīre, reperiō, repperī, repertum	(wieder)finden	~ invenīre
	causā + *vorangestellter Gen.*	wegen	
	causā *(nach nd-Form im Gen.)*	um *etw.* zu *tun*	
	prīvāre *(+ Abl.)*	1. *einer Sache* berauben 2. von *etw.* befreien	privat
	audācia, ae	Kühnheit: 1. Frechheit 2. Mut	→ audēre
10	temptāre	betasten: 1. versuchen 2. angreifen	e. attempt
	licet *(+ Konj.)*	wenn auch; selbst wenn	
	ratiō, ōnis *f.*	Überlegung: 1. Vernunft 2. Methode; Art und Weise 3. Grund *Etc., beachte das Rondogramm!*	

Vernunft

Dī hominibus ratiōnem dedērunt

etc. – Y

Überlegung

(im Unterricht) ratiō docendī → Methode

etc. – X

Cur hoc fēcistī!? Quae fuit ratiō?

Grund

15	īnstāre, īnstō, īnstitī + *Dat.*	*jdm.* bevorstehen; drohen	
	obīre, -eō, iī, itum	1. entgegengehen 2. übernehmen	
	(mortem) obīre	sterben	

	vehemēns (*Gen.* vehementis)	heftig	vehement
	solum, ī	Erdboden	
	pēs, pedis *m.*	Fuß	Pedal
	pedem referre	sich zurückziehen	
20	quantus, a, um	wie groß; wie viel	Quantität
	ignis, is *m.* (*Gen. Pl.* ignium)	Feuer	
	nōndum *(Adv.)*	noch nicht	
	custōdīre	bewachen	
	ars, artis *f.* (*Gen. Pl.* artium)	1. Geschicklichkeit 2. Kunst	Artist
25	(ē)vītāre	vermeiden	
	occāsiō, ōnis *f.*	Gelegenheit	e. occasion
	aureus, a, um	golden	→ aurum
	auferre, auferō, abstulī, ablātum	wegbringen; rauben	
	addūcere, -dūcō, -dūxī, -ductum	1. heranführen 2. veranlassen	
	timōre adductus	aus Furcht	
	īnstruere, -struō, -strūxī, -strūctum	1. aufstellen 2. ausrüsten 3. unterrichten	instruieren

Lektion 39

Wiederholung und neue Stammformen (PPP)

miser, misera, miserum	bedauernswert; unglücklich
dūrus, a, um	hart; beschwerlich
crēdere, crēdō, crēdidī, crēditum	1. glauben 2. anvertrauen
timēre, nē	fürchten, dass
interesse, -sum, -fuī	»dazwischen sein« 1. sich dazwischen befinden 2. teilnehmen; dabei sein 3. einen Unterschied machen für *jmd.*; wichtig sein
mea interest	es ist wichtig für mich
imāgō, ginis *f.*	Bild; Abbild
pectus, pectoris *n.*	1. Brust 2. Herz 3. Seele
pellere, pellō, pepulī, pulsum	1. stoßen; schlagen 2. vertreiben
trahere, trahō, trāxī, trāctum	ziehen
pars, partis *f.*	Teil; Seite
turpis, e	hässlich; schändlich; (moralisch) schlecht
nihil … nisī	nichts außer; nur
diū *(Adv.)*	lange

Lernwortschatz

	volvere, volvō, volvī, volūtum	wälzen; rollen	Volvo
	sēcum volvere	nachdenken über	
	īnfēlīx (*Gen.* īnfēlīcis)	unglücklich	= miser
	iussum, ī	Befehl	→ iubēre
	quam *(nach einem Komparativ)*	als	
5	umquam *(Adv.)*	jemals	↔ numquam
	recēns (*Gen.* recentis)	neu; frisch	rezent
	utrum … an …	ob … oder (ob)	
	occĭdere, occidō, occidī	umkommen	≠ occīdere!
10	fēlīx (*Gen.* fēlīcis)	glücklich	↔ īnfēlīx
	invītus, a, um	ungern; gegen den Willen	
	dīversus, a, um	entgegengesetzt	
	mēns, mentis *f.*	Verstand	mental
	vulnus, vulneris *n.*	Wunde	
15	afficere, -ficiō, -fēcī, -fectum *(+ Abl.)*	mit *etw.* versehen; mit *etw.* ausstatten	Affekt
	fallere, fallō, fefellī, –	täuschen	falsch
	odium, ī	Hass	↔ amor
	cōgitāre	denken	
	negāre	verneinen	Negation
	negāre + *AcI*	sagen, dass … nicht	
20	permovēre, -moveō, -mōvī, -mōtum	(innerlich) stark bewegen: 1. beunruhigen 2. veranlassen	
	exilium, ī	Verbannung	Exil
	damnāre	verurteilen	e. damn
	scrībere, scrībō, scrīpsī, scrīptum	schreiben	Skript
	lēx, lēgis *f.*	Gesetz	legal
25	furere, furō, –, –	umherwüten; verrückt sein	→ furor, Furie

Lektion 40

Wiederholung und neue Stammformen (PPP)

fīdus, a, um	treu
rogāre	*jdn.* bitten um *etw.*
silentium, ī	Stille; Schweigen
servāre	retten; bewahren
committere, -mittō, -mīsī, -missum	1. veranstalten 2. überlassen; anvertrauen
caedere, caedō, cecidī, caesum	fällen; niederhauen; töten
tālis, e	solch ein
valēre	1. gesund sein 2. stark sein 3. imstande sein
adhibēre	anwenden; hinzuziehen
occultāre	verstecken
cāsus, ūs *m.*	Fall; Zufall; Ereignis
tribuere, tribuō, tribuī, tribūtum	zuteilen
familiāris, e	1. zur Familie gehörig 2. befreundet; vertraut *Subst.:* Freund

Lernwortschatz

	iūrāre	schwören	→ iūs
	voluntās, tātis *f.*	Wille	
	imperāre	befehlen; herrschen (über)	→ imperium; Imperativ
	prope *(Adv.)*	nah	↔ procul
5	venēnum, ī	Gift	
	miscēre, misceō, miscuī, mixtum	mischen; verwirren	Mixtur
	ferrum, ī	1. Eisen 2. Schwert; Waffe	
	nex, necis *f.*	Mord	→ necāre
	inter *(+ Akk.)*	zwischen; unter; während	vgl. Inter-vall
10	cēna, ae	(Abend)Essen	

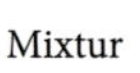

	cōnsilium, ī	Versammlung; Rat (1): 1. Beratung 2. Plan 3. Beschluss; Rat (2) *Beachte das Rondogramm!*	

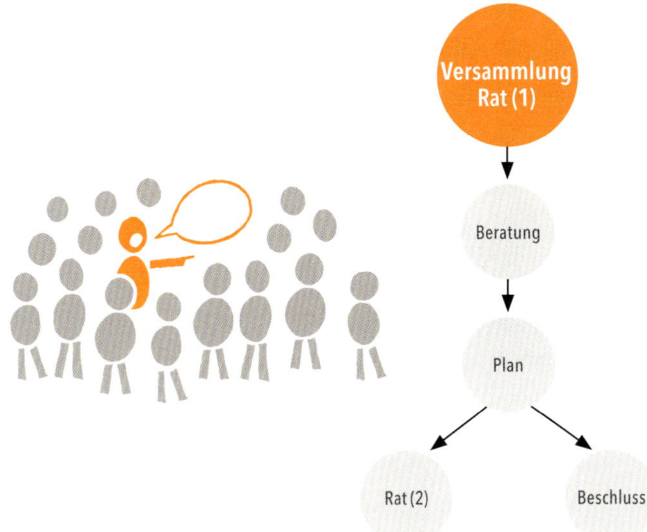

	parvus, a, um	klein	↔ magnus, a, um
	aestimāre parvī aestimāre magnī aestimāre	(ein)schätzen; meinen gering schätzen hoch schätzen	vgl. ex-īstimāre
	compōnere, -pōnō, -posuī, -positum	zusammenstellen →: 1. sich ausdenken; abfassen 2. ordnen 3. vergleichen	Komponist, Komposition
15	aequor, aequoris *n.*	Meer	~ mare; → aequus
	adeō *(Adv.)*	so sehr	
	ventus, ī	Wind	Ventilator
	flūctus, ūs *m.*	Welle	
	perficere, -ficiō, -fēcī, -fectum	[»etwas zu Ende tun«] fertigstellen; vollenden	
20	sinere, sinō, sīvī, situm	lassen; zulassen	

Lektion 41

Wiederholung und neue Stammformen (PPP)

terrēre	*jmdn.* erschrecken
tabula, ae	1. Brett; Tafel 2. Verzeichnis; Karte
prohibēre, nē	(daran) hindern, dass
grātia, ae	*Positives Verhältnis zwischen Menschen:* 1. Ausstrahlung 2. Beliebtheit; Sympathie 3. Gefälligkeit 4. Dank
grātiam referre	Dank abstatten
fundere, fundō, fūdī, fūsum	1. (ver)gießen 2. zerstreuen; in die Flucht schlagen
praecipere, -cipiō, -cēpī, -ceptum	vorschreiben; belehren
dolor, ōris *m.*	Schmerz
persuādēre, persuādeō, persuāsī, persuāsum (+ *Dat.*)	1. überzeugen 2. überreden
tradere, trādō, trādidī, trāditum	1. übergeben 2. überliefern

Lernwortschatz

	loquī, loquor, locūtus sum	sprechen; reden	Kol-loquium
	quoniam	weil	
	exemplum, ī	Beispiel; Vorbild	e. example
	sequī, sequor, secūtus sum (+ *Akk.*)	*jdm.* folgen	Kon-sequenz
5	frūctus, ūs *m.*	Ertrag: 1. Frucht 2. Nutzen	
	amīcitia, ae	Freundschaft	→ amīcus
	cōnservāre	retten; bewahren	→ servāre; Konserve
	lacrima, ae	Träne	
	īgnārus, a, um (+ *Gen.*)	unwissend; ohne Kenntnis	→ īgnōrāre
10	superesse, -sum, -fuī	übrig sein	
	morī, morior, mortuus sum	sterben	→ mors, mortuus, mortālis
	hortārī, hortor, hortātus sum	auffordern; ermahnen	vgl. Hortativ
	maestus, a, um	traurig	
	fierī, fīō, factus sum	1. gemacht werden 2. werden; geschehen	
15	patī, patior, passus sum	(er)leiden; ertragen	Passion
	complectī, -plector, -plexus sum	umarmen	
	ēgredī, -gredior, -gressus sum	hinausgehen	

	Latein	Deutsch	Hinweis
	facilis, e	leicht	→ facere (»machbar«)
20	ūtī, ūtor, ūsus sum *(+ Abl.)*	*etw.* benutzen; *etw.* haben	vgl. e. useful
	tunc *(Adv.)*	dann	~ tum
	abesse, absum, āfuī	weg sein	
	scrīptor, ōris *m.*	Schreiber; Schriftsteller	→ scrībere
	ēdere, -dō, -didī, -ditum	herausgeben; bekanntmachen	
25	postrēmō *(Adv.)*	zuletzt	→ post

Lektion 42

Wiederholung und neue Stammformen (PPP)

virgō, virginis *f.*	(junge) Frau
habitus, ūs *m.*	1. Haltung; Zustand; Aussehen 2. Kleidung
rogāre	1. fragen 2. bitten
recipere, -cipiō, -cēpī, -ceptum	zurücknehmen; empfangen
fierī, fīō, factus sum	1. gemacht werden 2. werden; geschehen
appellāre	nennen
praecipere, -cipiō, -cēpī, -ceptum	vorschreiben; belehren
contendere, contendō, contendī, contentum	[»sich anstrengen«] 1. kämpfen 2. eilen 3. behaupten
condere, condō, condidī, conditum	1. gründen; erbauen 2. verwahren; verstecken

Lernwortschatz

	Latein	Deutsch	Hinweis
	ūnicus, a, um	einzig	→ ūnus
	nāscī, nāscor, nātus sum	geboren werden; entstehen	→ nātiō
	nātus, ī/nāta, ae	Sohn/Tochter	
	dēsīderāre	vermissen; sich sehnen nach	e. desire
	mūtāre	(ver)ändern; verwandeln	Gen-Mutation
5	vidērī, videor, vīsus sum	scheinen	
	valdē *(Adv.)*	sehr	
	religiōsus, a, um	gottesfürchtig; fromm	→ religiō; religiös
	sentīre, sentiō, sēnsī, sēnsum	1. fühlen; merken 2. meinen	sensibel
	frūstrā *(Adv.)*	vergeblich	frustriert
10	quis-quam *(Gen.* cuiusquam)	irgendjemand	
	nē … quidem	nicht einmal	
	cōgere, cōgō, coēgī, coāctum	zusammentreiben: 1. versammeln 2. zwingen	aus: co-agere

Nr.	Latein	Deutsch	Hinweis
	memor, memoris *(+ Gen.)*	»sich erinnernd«; in Erinnerung an	
	memor sum	ich erinnere mich (an)	
15	revertī, revertor, revertī, reversum	zurückkehren	
	frequēns (*Gen.* frequentis)	häufig	Frequenz
	bōs, bovis *m./f.* (*Abl. Pl.* bōbus)	Ochse; Kuh; Rind	
	dēferre, -ferō, -tulī, -lātum	1. wegtragen 2. überbringen 3. melden	
	cōnsuēscere, cōnsuēscō, cōnsuēvī, cōnsuētum	sich gewöhnen; *Perf.*: gewohnt sein	→ cōnsuētūdō
20	morārī	sich aufhalten	≠ morī !
	violāre	verletzen; vergewaltigen	
	interrogāre	fragen	→ rogāre
	flāgitium, ī	Schandtat	
	fatērī, fateor, fassus sum	bekennen; gestehen	e. to con-fess
25	venia, ae	Erlaubnis; Verzeihung	
	precārī	bitten; beten	→ precēs
	ēicere, ēiciō, ēiēcī, ēiectum	hinauswerfen; vertreiben	e. to eject
	patientia, ae	Geduld	
	quisque, quaeque, quidque	jeder	
	cūnctī, ae, a	alle	
30	ecclēsia, ae	Kirche	
	sepulchrum, ī	Grab	

Lektion 43

Wiederholung und neue Stammformen (PPP)

anima, ae	1. Atem 2. Seele 3. Leben
remanēre, -maneō, -mānsī	(zurück)bleiben
pars, partis *f.*	Teil; Seite
alter, altera, alterum	der andere; der zweite
pōnere, pōnō, posuī, positum	stellen; legen
utrum … an …	ob … oder (ob)
dignus, a, um *(+ Abl.)*	*einer Sache* würdig
accēdere, -cēdō, -cessī, -cessum	hingehen
tollere, tollō, sustulī, sublātum	1. aufheben: hochheben 2. aufheben: beseitigen

Lernwortschatz

Nr.	Latein	Deutsch	Hinweis
	lectus, ī	Bett	
	membrum, ī	Glied	
	sānctus, a, um	heilig	
	prōgredī, -gredior, -gressus sum	vorrücken; weitergehen	
5	quiēscere, quiēscō, quiēvī, quiētum	(aus)ruhen; schlafen	
	dīmittere, -mittō, -mīsī, -missum	entsenden; entlassen	
	ambō, ambae, ambō	beide	
	proficīscī, proficīscor, profectus sum	(ab)reisen; aufbrechen	
	proximus, a, um	der nächste; der letzte	→ prope, appropinquare
10	necessārius, a, um necessārius, ī	notwendig; befreundet; verwandt Verwandter; Freund	
	experīrī, experior, expertus sum	erproben → erfahren	Experte
	sī *(in indirekten Fragen)*	ob	
	inicere, -iciō, -iēcī, -iectum	hineinwerfen	
	surgere, surgō, surrēxī, surrēctum	sich erheben	
15	super	auf; über (*mit Abl.*: wo?; *mit Akk.*: wohin?)	
	mīrārī	sich wundern	→ mīrus; e. to ad-mire
	occurrere, -currō, -currī, -cursum	entgegenlaufen	
	beātus, a, um	glücklich	
	diabolus, ī	Teufel	
20	pondus, ponderis *n.*	Gewicht	
	minor, minus (*Gen.* minōris)	kleiner; geringer	
	argenteus, a, um	silbern; aus Silber	
	niger, nigra, nigrum	schwarz	
	dīvīnus, a, um	göttlich	
25	accendere, -cendō, -cēnsī, -cēnsum	anzünden	= incendere
	inimīcus, a, um inimīcus, ī	feindlich Feind	↔ amīcus
	āēr, āëris *m.*	Luft	e. air
	cadere, cadō, cecidī	fallen	

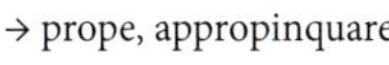

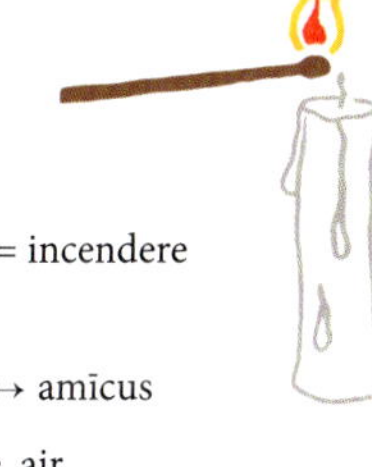

Lektion 44

Wiederholung und neue Stammformen (PPP)

tempus, temporis *n.*	Zeit
auris, is *f.*	Ohr
contingere, -tingō, -tigī, -tāctum	1. berühren 2. gelingen 3. zuteil werden
dēscendere, dēscendō, dēscendī, dēscēnsum	herabsteigen
vērus, a, um	1. wahr 2. richtig; echt
vērum, ī	Wahrheit
sēdēs, is *f.*	1. Sitz 2. Wohnsitz 3. Heimat
incipere, incipiō, coepī, coeptum	anfangen
pius, a, um	»respektvoll«: fromm; pflichtbewusst
perdere, perdō, perdidī, perditum	vernichten
impōnere, -pōnō, -posuī, -positum	auferlegen
ēvertere, -vertō, -vertī, -versum	1. umkehren; umstürzen 2. zerstören; vernichten
gaudēre, gaudeō, gāvīsus sum	sich (über etw.) freuen

Lernwortschatz

	caelum, ī	Himmel	
	hūmānus, a, um	1. menschlich 2. gebildet	→ homō; human
	certus, a, um	sicher	→ certe; e. certain
	vigilia, ae	Nachtwache	
5	tyrannus, ī	Tyrann	
	ingredī, -gredior, -gressus sum	hineingehen	↔ ēgredī
	vōtum, ī	Wunsch; Gebet	votieren
	aliēnus, a, um	fremd	
	quasi	wie; als ob	
10	quālis, e	wie; von welcher Art	Qualität
	quālis … tālis	wie … so	
	an	1. ob 2. oder	
	cōnārī, cōnor, cōnātus sum	versuchen	
	īnsidiae, ārum	Falle; Hinterhalt	
15	prōvidēre, -videō, -vīdī, -vīsus	1. vorhersehen 2. *(mit Dativ)* sorgen für	Provider
	rērī, reor, ratus sum	meinen	→ ratiō
	satis *(Adv.)*	genug	
	subicere, -iciō, -iēcī, -iectum	unterwerfen; unter etw. legen	
	mēnsa, ae	Tisch	Mensa

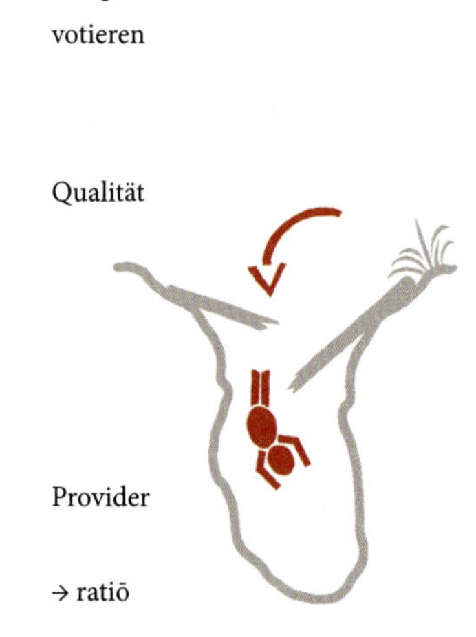

20	nefās	Frevel; Unrecht	
	penātēs, ium *m. Pl.*	1. Hausgötter 2. Haus	
	nancīscī, nancīscor, na(n)ctus sum	1. erreichen 2. bekommen	
	rūs, rūris *n.*	Feld; Land *(im Gegensatz zur Stadt)*	
	circum *(+ Akk.)*	um … herum	
25	vestīgium, ī	Spur	
	violentia, ae	Gewalt	e. violence
	vultus, ūs *m.*	Gesicht(sausdruck)	
	īdem, eadem, idem (*Gen.* eiusdem)	derselbe	
	lupus, ī	Wolf	

Lektion 45

Wiederholung und neue Stammformen (PPP)

rogāre	1. fragen 2. bitten
persuādēre, persuādeō, persuāsī, persuāsum	1. überzeugen 2. überreden
tamquam	wie
excitāre	antreiben; ermuntern; wecken
pergere, pergō, perrēxī, perrēctum	1. weitermachen; fortsetzen 2. aufbrechen
cōnsistere, -sistō, -stitī, –	1. sich aufstellen 2. stehenbleiben
fierī, fīō, factus sum	1. gemacht werden 2. werden; geschehen
tollere, tollō, sustulī, sublātum	1. aufheben: hochheben 2. aufheben: beseitigen
caedere, caedō, cecīdī, caesum	fällen; niederhauen; töten
sanguis, sanguinis *m.*	Blut

Lernwortschatz

	servīre, serviō, servīvī, servītum	dienen; Sklave sein	→ servus; ≠ servāre!!
	quondam *(Adv.)*	einst	
	discēdere, -cēdō, -cessī, -cessum	auseinandergehen; (weg)gehen	
	monumentum, ī	Grabmal; Denkmal	Monument
5	lūna, ae	Mond	
	simulācrum, ī	Standbild; Abbild	
	numerāre	zählen	Nummer
	ut (prīmum) *(+ Ind.)*	sobald; als	
	respicere, -spiciō, -spexī, -spectum	zurückschauen	Respekt
10	comes, comitis *m.*	Begleiter	

nūdus, a, um	nackt	Nudist
stringere, stringō, strīnxī, strictum	1. ziehen 2. (ab-)streifen	
gladium stringere	das Schwert ziehen	
dōnec	(solange) bis	
quasi	wie; als ob	
collum, ī	Hals	Kollier
cōnfitērī, cōnfiteor, cōnfessus sum	bekennen; gestehen	Konfession
operīre	schließen	↔ aperīre
lūmen, lūminis *n.*	1. Licht 2. Auge	il-luminieren
medicus, ī	Arzt	Medizin

Lektion 36

Der Konjunktiv im Hauptsatz

Bislang ist dir der Konjunktiv fast nur im Nebensatz begegnet, wo er für die Übersetzung ins Deutsche meist keine Rolle spielt.

Doch auch im Hauptsatz wird der Konjunktiv im Lateinischen gerne gebraucht, um dem Satz eine bestimmte »Färbung« zu geben. Diese musst du in der Übersetzung dann auch ausdrücken.

Merke dir folgende Regel:

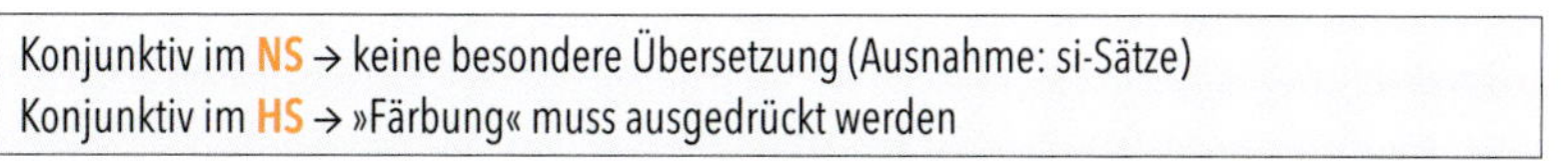
Konjunktiv im NS → keine besondere Übersetzung (Ausnahme: si-Sätze)
Konjunktiv im HS → »Färbung« muss ausgedrückt werden

!

Was drückt der Konjunktiv im Hauptsatz aus?

Der Indikativ steht für eine »direkte« Aussage, d. h., der Sprecher sagt etwas, was für ihn eine Tatsache darstellt und deshalb keiner besonderen Aufmerksamkeit bedarf.

Der Konjunktiv hingegen weist darauf hin, dass eine Äußerung eben keine Tatsache ist: Der Sprecher markiert vielmehr, dass ein Ereignis noch nicht eingetreten ist, sondern nur eintreten könnte (Abschwächung, Annahme) oder soll (Wunsch, Aufforderung).

<table>
<tr><th>Modus</th><th colspan="2">Bedeutung</th><th>Negation</th></tr>
<tr><td>Indikativ →</td><td>reale</td><td rowspan="3">Aussage (»ist«)</td><td rowspan="3">nōn</td></tr>
<tr><td rowspan="3">Konjunktiv → (potentiale, irreale, Wunsch, Wille)</td><td>potentiale</td></tr>
<tr><td>irreale</td></tr>
<tr><td>Wunsch</td><td rowspan="2">Begehren (»soll sein«)</td><td rowspan="2">nē</td></tr>
<tr><td>Imperativ →</td><td>Wille
- Aufforderung
- Verbot</td></tr>
</table>

Merke:

real = wirklich
potential = möglich
irreal = unwirklich

Funktionen des Konjunktivs im Hauptsatz (Teil 1)

In dieser Lektion lernst du, wie das Lateinische den Konjunktiv im Hauptsatz einsetzt, um …

- eine Aussage zu etwas abzuschwächen, was nur »möglich« ist (Potentialis),
- eine Überlegung und einen Zweifel anzumelden (Deliberativ) oder
- eine Aufforderung zu markieren (Hortativ).

1. potentiale Aussage der Gegenwart (Potentialis)

In manchen Fällen möchte man eine Aussage abschwächen, z. B. da sie nur für möglich, aber nicht für sicher gehalten wird (»Wetterberichtsmodus«), oder aus Höflichkeitsgründen.

Für diesen Potentialis verwendet man im Lateinischen den Konjunktiv Präsens (oder den Konjunktiv Perfekt – ohne jeden Vergangenheitsbezug).

Im Deutschen wird der Potentialis durch die Modalverben »können, müssen, dürfen, wollen«, das Futur I oder durch Adverbien wie »wohl, vielleicht« übersetzt:

Quis hoc (nōn) **crēdat (crēdiderit)**?
Wer ***dürfte*** *das* ***wohl*** *(nicht) glauben?*

2. Deliberativ der Gegenwart

Wenn ein Sprecher überlegt, für welche Handlungsmöglichkeit er sich entscheiden soll, benutzt er den Konjunktiv in deliberativer Funktion (*dēlīberāre:* überlegen). Im Deutschen wird er mit dem Hilfsverb »sollen« übersetzt:

Quid **faciam**? *Was* ***soll*** *ich tun?*
Quid **faciāmus**? *Was* ***sollen wir*** *tun?*

Daran erkennst du den Deliberativ:
1. Der Konjunktiv Präsens steht in einer Frage.
2. Der Konjunktiv Präsens steht in der 1. Person (Singular oder Plural).

3. Der Konjunktiv als Aufforderung (1)

Der Konjunktiv Präsens kann auch eine Aufforderung ausdrücken. Wenn diese Aufforderung an eine Gruppe gerichtet ist, bei der sich der Sprecher einschließt, wird entsprechend auch die 1. Person Plural verwendet (Hortativ von *hortārī* = auffordern).

Im Deutschen wird der Hortativ mit »wir wollen« oder »lass(t) uns« übersetzt, je nachdem, wie viele Personen beteiligt sind:

Apertē **dīcāmus,** patrōne!
Wollen wir *offen sprechen, Anwalt!/****Lass uns*** *offen* ***sprechen,*** *Anwalt!*

***(Nē)* taceāmus,** senātōrēs!
Wollen wir *(nicht) schweigen, Senatoren!/****Lasst uns (nicht) schweigen,*** *Senatoren!*

Die Formen des Indefinitpronomens *aliquī* und *aliquis*

1. adjektivischer Gebrauch: *aliquī* »irgendein«

Die Formen von *aliquī* »irgendein« sind dir bereits vom Relativpronomen *quī, quae, quod* bekannt; lediglich zwei Formen (Nom. Sg. f. und Nom./Akk. Pl. n.) weichen ab:

	Singular		
	m.	*f.*	*n.*
Nom.	aliquī	ali**qua**	aliquod
Gen.	alicuius	alicuius	alicuius
Dat.	alicui	alicui	alicui
Akk.	aliquem	aliquam	aliquod
Abl.	aliquō	aliquā	aliquō

	Plural		
	m.	*f.*	*n.*
Nom.	aliquī	aliquae	ali**qua**
Gen.	aliquōrum	aliquārum	aliquōrum
Dat.	aliquibus	aliquibus	aliquibus
Akk.	aliquōs	aliquās	ali**qua**
Abl.	aliquibus	aliquibus	aliquibus

2. substantivischer Gebrauch: *aliquis* »irgendjemand«

Wird das Pronomen substantivisch, d. h. allein und ohne ein Bezugswort gebraucht, heißt es »irgendjemand/irgendetwas«.

	m./f.	*n.*
Nom.	aliquis (irgendjemand)	aliquid (irgendetwas)
Gen.	alicuius	alicuius reī
	…	…

3. Besonderheiten

Nach Konjunktionen wie *sī, nisī, nē* oder *num* steht nur *quis.*

Sī **quis** dīcat tē crīmen commīsisse, errat.
Wenn ***wer/jemand*** *behaupten sollte, dass du ein Verbrechen begangen hast, so irrt er sich.*

Merksatz:

Nach *si, nisi, ne* und *num* fällt das Wörtchen *ali* um.

Lektion 37

Funktionen des Konjunktivs im Hauptsatz (Teil 2)

In dieser Lektion lernst du weitere Konjunktivfunktionen kennen, die dir in der Übersicht auf S. 89 bereits begegnet sind:

- den Konjunktiv als Ausdruck eines Wunsches (Optativ),
- den Konjunktiv als weiteren Ausdruck für eine Aufforderung (hier: Jussiv) bzw. eines Verbots (Prohibitiv),
- den Konjunktiv als Modus für irreale Aussagen (bereits aus Lektion 21 bekannt).

1. Der Konjunktiv als Ausdruck eines Wunsches (Optativ)

Der Konjunktiv im Hauptsatz kann auch einen Wunsch ausdrücken (*optāre*: wünschen). Häufig wird der Wunsch noch durch *utinam (nē)* »hoffentlich (nicht)« verstärkt:

Utinam (nē) Cicerō mē dēfendat! ***Hoffentlich*** *verteidigt mich Cicero (nicht)!*

Aber: Nicht alle Wünsche gehen in Erfüllung – manchmal hat man sich einfach etwas Unerfüllbares gewünscht.
Entsprechend unterscheidet man:

- erfüllbare und unerfüllbare Wünsche
- Wünsche der Gegenwart und der Vergangenheit

Je nach Kombination steht im Lateinischen ein anderer Konjunktiv:

	erfüllbar	nicht erfüllbar
Gegenwart	**Konjunktiv Präsens**	**Konjunktiv Imperfekt**
Vergangenheit	**Konjunktiv Perfekt**	**Konjunktiv Plusquamperfekt**

Im Deutschen verwendest du für erfüllbare Wünsche den Indikativ und »hoffentlich«; die unerfüllbaren Wünsche übersetzt du mit »würde/hätte« und mit »wenn … doch«:

erfüllbar:
(Utinam/velim) Cicerō mē **dēfendat!** *Hoffentlich verteidigt mich Cicero!*
(Utinam/velim) Cicerō litterās meās **accēperit!** *Hoffentlich hat Cicero meinen Brief erhalten!*

unerfüllbar:
Utinam/vellem Cicerō mē **dēfenderet!** ***Wenn*** *mich* ***doch*** *Cicero verteidigen* ***würde!***
Utinam/vellem Cicerō me **dēfendisset!** ***Wenn*** *mich* ***doch*** *Cicero verteidigt* ***hätte!***

Du siehst also: Erfüllbare Wünsche werden oft durch *utinam (nē)* oder *velim/nolim* verstärkt. Unerfüllbare Wünsche werden mit *utinam (nē)* oder *vellem/nōllem* markiert.

2. Der Konjunktiv als Aufforderung/Verbot

a) Die Aufforderung an die 3. Person (der Jussiv)
Auch um anderen einen Befehl zu erteilen, kann (statt des Imperativs) der Konjunktiv Präsens gebraucht werden. Dieser Jussiv (vgl. *iubēre*) ist meist an die 3. Person gerichtet und wird mit *nē* verneint:

Cicerō cūram **adhibeat,** nē Sextus Roscius pūniātur!
*Cicero **soll dafür Sorge tragen,** dass Sextus Roscius nicht bestraft wird!*

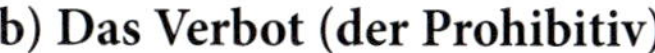

b) Das Verbot (der Prohibitiv)
Das Lateinische verwendet den Konjunktiv auch für ein Verbot.
Der Prohibitiv (vgl. *prohibēre*) richtet sich immer an eine 2. Person und wird gebildet durch *nē* mit Konjunktiv Perfekt (ohne Vergangenheitsbezug).
Im Deutschen wird der Prohibitiv mit dem verneinten Imperativ übersetzt:

Nē Sextum Roscium **pūnīveritis,** senātōrēs!
Bestraft Sextus Roscius nicht, Senatoren!

Für Experten: Ein Verbot kann auch durch *nōlī/nōlīte* + Infinitiv des zu verneinenden Verbs ausgedrückt werden:
Nōlīte Sextum Roscium pūnīre, senātōrēs!

3. Wiederholung: Der Irrealis

Den Irrealis hast du schon in Lektion 21 in den Bedingungssätzen (si-Sätzen) kennengelernt. Er beschreibt Dinge, die unwirklich (ir-real) sind:

Irrealis der Gegenwart: Konjunktiv Imperfekt

Certē imperātōrem vidērēmus, sī in prīmō locō starēmus.
Sicherlich sähen wir [jetzt] den Kaiser, wenn wir in der ersten Reihe stünden.

Irrealis der Vergangenheit: Konjunktiv Plusquamperfekt

Sī magis properāvissēs, nōn tam sērō vēnissēmus.
Wenn du dich [vorhin] mehr beeilt hättest, wären wir nicht so spät gekommen.

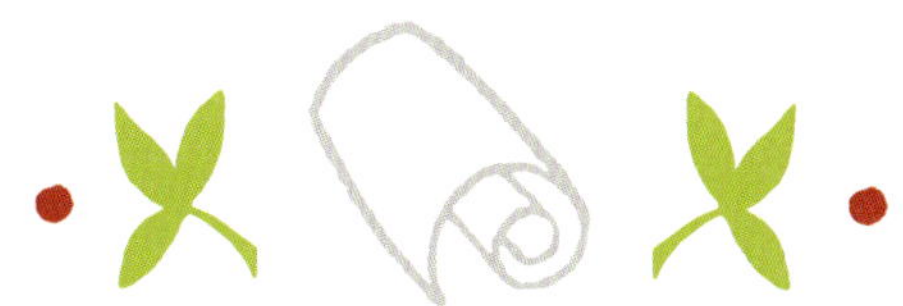

Lektion 38

nd-Formen

In vielen Sprachen gibt es die Möglichkeit, Verben zu Substantiven zu machen, also zu substantivieren:

Es macht Spaß (Bücher) zu lesen.
(Das) Lesen (von Büchern) macht Spaß.

Im ersten Satz ist »zu lesen« ein Infinitiv. Im zweiten Satz ist »Lesen« zu einem Substantiv geworden; du erkennst es an seinem Artikel: *das* Lesen.

In dieser Lektion lernst du, wie auch im Lateinischen aus Verben andere Wortarten, nämlich Substantive und Adjektive gebildet werden.

1. Das Gerundium (auch: Gerund)

Der substantivierte Infinitiv heißt im Lateinischen Gerundium. Es wird gebildet, indem an den Verbalstamm *-(e)nd-* sowie die Kasusendungen der o-Deklination angehängt werden.

Als Substantiv kann das Gerundium dekliniert werden, wird aber – wie im Deutschen – nur im Singular gebraucht; der Dativ ist sehr selten.

	a-Konjugation	
Nom.	clāmā-re	das Rufen
Gen.	clāma-**nd**-ī	des Rufens
Dat.	(clāma-**nd**-ō)	
Akk.	ad clāma-**nd**-um	zum Rufen
Abl.	clāma-**nd**-ō	durch das Rufen

kons. Konjugation
leg-e-re
leg-**end**-ī
(leg-**end**-ō)
ad leg-**end**-um
leg-**end**-ō

Legere placet. *(Das) Lesen macht Spaß.*
Artem legendī discimus. *Wir lernen die Kunst des Lesens.*
Ad legendum convenimus. *Wir kommen zum Lesen zusammen.*
Legendō discimus. *Durch (das) Lesen lernen wir.*

Daneben hat das Gerundium auch Eigenschaften eines Verbs behalten: Es kann daher durch Adverbien und durch Objekte erweitert werden; diese Objekte stehen im selben Kasus, den auch das jeweilige Verbum regiert.

Bei solchen Erweiterungen musst du beim Übersetzen etwas umformulieren:

ars nāvem (bene) faciendī (die Kunst des guten Bauens eines Schiffs)
= die Kunst, ein Schiff gut zu bauen

2. Das Gerundivum (auch Gerundiv)

Im Lateinischen lassen sich aus Verben auch Adjektive bilden (»Verbaladjektive«):

lauda-nd-us, a, um

Das Gerundivum passt sich wie jedes Adjektiv in KNG an sein Bezugswort an (»attributives Gerundiv«). Deshalb gibt es im Unterschied zum Gerundium alle Kasus, Numeri und Genera; und wie ein reguläres Adjektiv kann das Gerundiv auch durch weitere Adverbien ergänzt werden:

ars nāvis (bene) faciendae	die Kunst des (guten) Schiffsbaus = die Kunst, ein Schiff (gut) zu bauen

3. Übersetzung von Gerundium und Gerundivum

In einer Reihe von Fällen sind Gerundium und Gerundivum untereinander austauschbar; entsprechend können beide Konstruktionen im Deutschen gleich übersetzt werden.

Merke dir folgende Regel:

!

Am (E)**nd** geht es fast immerzu mit **»zu«;**	(Beispiel a-c)
beim Ablativ kommt man mit **»durch«** durch;	(Beispiel d)
steht *in* dabei, nimm **»bei«!**	(Beispiel e)

a) nd-Form im Genitiv: zu

ars nāvem faciendī ars nāvis faciendae	die Kunst, ein Schiff zu bauen

b) nd-Form im Genitiv mit causa: um zu

pellis referendae causā	um das Fell zurückzuholen

c) ad + nd-Form im Akkusativ: um zu

ad pellem referendam	um das Vlies zurückzuholen

d) nd-Form im Ablativ (ohne Präposition): durch bzw. mit Adverbialsatz

nāvem faciendō nāve faciendā	durch den Bau eines Schiffs, bzw.: dadurch, dass/indem (er) ein Schiff baut

e) in + nd-Form im Ablativ: bei

in nāvibus faciendīs	beim Bau von Schiffen

Lektion 39

Die Steigerung (Komparation)

Viele Adjektive und Adverbien können gesteigert werden. Es gibt drei Steigerungsstufen: den Positiv, den Komparativ und den Superlativ:

glücklich – glücklicher – glücklichster
fēlīx – fēlīcior – fēlīcissimus

1. Der Komparativ von Adjektiven

Den Komparativ erkennst du an den Suffixen **-ior** *(m./f.)* und **-ius** *(n.)*.
Komparative erhalten die Kasusendungen der 3. Deklination:

	Singular		
	m.	*f.*	*n.*
Nom.	saev-**ior**		saev-**ius**
Gen.	saev-iōr-is		
Dat.	saev-iōr-ī		
Akk.	saev-iōr-em		saev-ius
Abl.	saev-iōr-e		

	Plural		
	m.	*f.*	*n.*
Nom.	saev-**iōr**-ēs		saev-**iōr**-a
Gen.	saev-iōr-um		
Dat.	saev-iōr-ibus		
Akk.	saev-iōr-ēs		saev-iōr-a
Abl.	saev-iōr-ibus		

2. Der Superlativ von Adjektiven

Den Superlativ erkennst du am Suffix -**issim**-us.
Superlative erhalten die Kasusendungen der a-/o-Deklination:

saevissimus, a, um – der, die, das grausamste

Bei der Bildung gibt es zwei Besonderheiten:

- Adjektive auf **-er:** Superlativ auf **-rim-us,** z. B.: *pulcherrimus*
- Adjektive auf **-lis:** Superlativ auf **-lim-us,** z. B.: *difficillimus*

3. Die Steigerung von Adverbien

Den Komparativ und den Superlativ von Adverbien erhältst du über die entsprechenden Steigerungsformen der jeweiligen Adjektive:

- Der Komparativ des Adverbs endet auf **-ius** (= Neutrum Sg. des gesteigerten Adjektivs)
- Der Superlativ endet auf **-issim-ē.**

Positiv	Komparativ	Superlativ
saev-ē	saev-**ius**	saev-**issim-ē**
fēlīc-iter	fēlīc-ius	fēlīc-issim-ē
pulchr-ē	pulchr-ius	pulcher-rim-ē
simil-iter	simil-ius	simil-lim-ē
diū	diūt-ius	diūt-issim-ē

4. Unregelmäßige Steigerungsformen

Bei oft verwendeten Adjektiven und Adverbien gibt es in vielen Sprachen Sonderformen (vgl. dt. *viel, mehr, am meisten* bzw. engl. *much, more, most*). Einige kennst du schon aus dem Wortschatz:

Positiv		Komparativ	Superlativ
bonus/bene	(gut)	melior, melius/melius	optimus, a, um/optime
malus/male	(schlecht)	peior, peius/peius	pessimus, a, um/pessime
magnus	(groß)	māior, maius	maximus, a, um
(parvus)	(klein)	minor, minus	minimus, a, um
multī/multum	(viele/viel)	plūrēs, plūra/plūs	plūrimī, ae, a/plūrimum
(valdē)	(sehr)	magis	maximē
(paulum)	(wenig)	minus	minimē

Zusammenfassung: So erkennst du Steigerungsformen:		
	Adjektive	Adverbien
Komparativ:	**-ior, -ius**	**-ius**
Superlativ:	**-issimus** (-rimus, -limus)	**-issimē** (-rimē, -limē)

!

Verwendung der Steigerungsformen

Die Steigerungsformen sind vor allem für Vergleiche wichtig:

Nēmō innocentior est **quam** Iāsōn.
Nēmō innocentior est **Iāsone.**
} Niemand ist unschuldiger **als** Iason.

Das Vergleichsglied kann also angeschlossen werden:

- durch **quam**
- oder durch den **Ablativ des Vergleichs** (ablativus comparationis).

Besonderheiten

Manchmal drücken Steigerungsformen gar keinen Vergleich aus:

Wuppertal ist eine größere Stadt in Nordrhein-Westfalen.
Der Betrieb benutzt modernste Maschinen!

Im Lateinischen ist dieser Gebrauch häufiger als im Deutschen. Deshalb musst du deine Übersetzung anpassen, je nachdem, ob die Steigerungsform eher eine Hervorhebung (+) oder eine Abschwächung (–) markiert:

Argō nāvis **celerius** cucurrit. — Das Schiff Argo fuhr **(all)zu** (+)/**ziemlich** (-) schnell.
Mēdēa mulier **pulcherrima** est. — Medea ist eine **sehr/ganz/äußerst** (-) schöne Frau.

Für Experten: Die abgeschwächte Übersetzung eines Superlativs wird Elativ genannt.

Lektion 40

nd-Formen (2): Das Gerundiv mit *esse*

In Lektion 38 hast du mit dem Gerundium auch das Verbaladjektiv, das Gerundiv, kennengelernt. In der dort gezeigten Konstruktion waren beide Formen weitgehend austauschbar.

Wird das Gerundiv jedoch im Nominativ, als Prädikatsnomen mit *esse* gebraucht, nimmt es eine andere Bedeutung an, die in ähnlicher Form im deutschen Wort »Auszubildender« zu finden ist:

Uwe ist ein Auszubildender. = Uwe ist auszubilden. = Uwe muss ausgebildet werden.

Auch das lateinische Gerundiv hat in Verbindung mit *esse*
- eine passive Bedeutung (vgl. »er muss ausgebildet werden«) und
- bezeichnet eine Handlung, die ausgeführt werden muss.

Nāvis **compōnenda est.**	*Ein Schiff **muss gebaut werden./Man muss** ein Schiff bauen.*
Arma adhibenda **nōn** sunt.	*Waffen **dürfen nicht** angewendet werden.*

Das Gerundiv mit *esse* kann auch unpersönlich im Neutrum Singular konstruiert werden; dann gibt es im Satz kein Bezugswort. Im Deutschen wird diese Konstruktion oft mit »man« übersetzt.

Discendum est.	Es muss gelernt werden. = Man muss lernen.

> Merke dir: **Gerundiv im Nominativ + *esse* = müssen**
> (bzw. bei Verneinung: nicht dürfen)

!

Für Experten: Natürlich liegt diese Konstruktion auch dann vor, wenn das Gerundiv mit *esse* in einen AcI tritt und damit im Akkusativ steht.

Nero nāvem compōnendam (esse) putāvit.	Nero glaubte, dass ein Schiff gebaut werden muss.

Dativ beim Gerundiv mit *esse*

Beim Gerundiv mit *esse* steht der Veranlasser im Dativ des Urhebers **(dativus auctoris):**

Nāvis **nōbīs** compōnenda est.	*Ein Schiff muss **von uns** gebaut werden.* *= **Wir** müssen ein Schiff zusammenbauen.*

Für Experten: Steht das Verbum bereits mit dem Dativ, musst du manchmal aus dem Sinn erschließen, ob es sich bei dem Dativ um das Dativobjekt oder den dativus auctoris handelt:

Imperātōrī pārendum est.	*Man muss dem Kaiser gehorchen. (Dativobjekt)*
Cīvibus pārendum est.	*Die Bürger müssen gehorchen. (dativus auctoris)*

Lektion 41

Deponentien

Manche lateinische Verben haben zwar passive Formen, aber nur eine aktive Bedeutung; die eigentlich zu erwartende aktive Form (bzw. die passive Bedeutung) fehlt:

loquī	sprechen
loquitur	er spricht
locūtus est	er hat gesprochen

Du erkennst diese Wörter im Wortschatz am Infinitiv Passiv.

Besonderheiten

1. Das Partizip Perfekt der Deponentien muss aktiv übersetzt werden:

   Uxōrem **complexus** Seneca cum familiāribus locūtus est. — *Nachdem er seine Frau umarmt hatte, unterhielt sich Seneca noch mit seinen Freunden.*

2. Der Imperativ lautet: **hortāre** »ermahne!« – **hortāminī** »ermahnt!«

fieri »werden/gemacht werden«

Im Präsensstamm hat nur der Infinitiv Präsens eine passive Endung; alle anderen Formen entsprechen weitgehend den Formen der i-Konjugation.

	Ind. Präs.	Konj. Präs.	Ind. Imperf.	Konj. Imperf.	Futur I
1. Pers. Sg.	**fīō**	**fīam**	**fīēbam**	**fierem**	**fīam**
2. Pers. Sg.	fīs	fīās	fīēbās	fierēs	fīēs
3. Pers. Sg.	fit	fīat	fīēbat	fieret	fīet
1. Pers. Pl.	fīmus	fīāmus	fīēbāmus	fierēmus	fīēmus
2. Pers. Pl.	fītis	fīātis	fīēbātis	fierētis	fīētis
3. Pers. Pl.	fīunt	fīant	fīēbant	fierent	fīent

Im Perfektstamm sind die Formen identisch mit dem Passiv von *facere:*

	Ind. Perf.	Konj. Perf.	Ind. Plqf.	Konj. Plqpf.	Futur II
1. Pers. Sg.	**factus sum**	**factus sim**	**factus eram**	**factus essem**	**factus ero**
2. Pers. Sg.	…	…	…	…	…

Semideponentien

Wenige Verben haben in einem Tempusstamm normale **Aktivformen,** werden aber im anderen Tempusstamm als **Deponentien** gebraucht (daher Semideponentien = »Halbdeponentien«). Zu ihnen gehören:

- **audere, audeo, ausus sum:** *wagen, ich wage, ich habe gewagt*
- **gaudere, gaudeo, gavisus sum:** sich (über etw.) freuen; …
- **solere, soleo, solitus sum:** gewöhnlich tun, gewohnt sein; …
- (WS 42) **reverti, revertor, reverti:** zurückkehren

Lektion 42

Das Partizip Futur Aktiv (PFA)

Bislang kennst du zwei Partizipien:

- das Partizip Perfekt Passiv (PPP): vocātus – gerufen,
- das Partizip Präsens Aktiv (PPA): vocāns – rufend.

Daneben gibt es im Lateinischen aber noch ein drittes Partizip, das Partizip Futur Aktiv (PFA). Es wird gebildet, indem das PPP um die Silbe -ūr- erweitert wird. Dekliniert wird das PFA wie ein Adjektiv der a-/o-Deklination:

Infinitiv	PPP	PFA	
rogāre	rogā-t-us, a, um	rogā-t-ūr-us, a, um	*einer, der fragen wird/will*
vidēre	vīsus, a, um	vīsūrus, a, um	*einer, der sehen wird/will*
īre	itus, a, um	itūrus, a, um	*einer, der gehen will*
esse	-	futūrus, a, um	*einer, der sein wird/will*
loquī	locūtus (Depon.)	locūtūrus, a, um	*einer, der sprechen wird/will*

Nachzeitigkeit im Partizipialausdruck

Alle Partizipien sind zwar nach Tempora benannt (Perfekt, Präsens bzw. Futur), bezeichnen aber nur ein Zeitverhältnis zum restlichen Satz:

- Das Partizip Perfekt Passiv bezeichnet die Vorzeitigkeit.
- Das Partizip Präsens Aktiv bezeichnet die Gleichzeitigkeit.
- Das Partizip Futur Aktiv bezeichnet die Nachzeitigkeit.

Beispielsätze:

vorzeitig: [Ā frātribus interrogātus] Marīnus scelus fassus est.
Nachdem er von den Brüdern befragt worden war, bekannte Marinus das Verbrechen.

gleichzeitig: [Falsum prō vērō simulāns] Marīnus veniam precātus est.
Indem er eine Lüge für die Wahrheit ausgab, bat Marinus um Vergebung.

nachzeitig: Monacī [corpus Marīnī conditūrī] errōrem suum vīdērunt.
Als die Mönche die Leiche des Marinus bestatten wollten, bemerkten sie ihren Irrtum.

Das PFA drückt aus, dass man etwas tun *wird* bzw. *will*. Es bezeichnet also eine Absicht und kann daher oft mit einem Finalsatz (»damit« bzw. »um … zu«) übersetzt werden.

Lektion 43

Der Infinitiv Futur Aktiv

Du kennst bisher die Infinitive Präsens Aktiv und Passiv sowie die Infinitive Perfekt Aktiv und Passiv. Neu kommt nun der Infinitiv Futur Aktiv hinzu. Er wird gebildet mit dem PFA und *esse:*
rogātūrus esse

Damit kennst du folgende Infinitive:

Infinitiv Präsens		Infinitiv Perfekt		Infinitiv Futur
Aktiv	Passiv	Aktiv	Passiv	Aktiv
rogā-re	rogā-rī	rogā-v-isse	rogātus, a, um esse	**rogātūrus, a, um esse**
vidē-re	vidē-rī	vīd-isse	vīsus, a, um esse	**vīsūrus, a, um esse**

Nachzeitigkeit im AcI

Der Infinitiv Futur im AcI drückt aus, dass eine Handlung im Verhältnis zum übergeordneten Satz erst noch geschehen wird. Er bezeichnet also – wie die anderen Infinitive und Partizipien – kein bestimmtes Tempus, sondern ein Zeitverhältnis:

- Der Infinitiv Perfekt bezeichnet die Vorzeitigkeit.
- Der Infinitiv Präsens bezeichnet die Gleichzeitigkeit.
- Der Infinitiv Futur bezeichnet die Nachzeitigkeit.

Beispielsätze:

vorzeitig: Iuliānus dīcit sē tandem vēnisse.
Julianus sagt, dass er endlich gekommen ist (sei).

gleichzeitig: Iuliānus dīcit iam tempus esse, ut prōgrediantur.
Julianus sagt, dass es nun Zeit ist (sei) aufzubrechen.

nachzeitig: Iuliānus dīcit sē cum animā Thurkillī abitūrum esse.
Julianus sagt, dass er mit der Seele des Thurkillus weggehen wird (werde).

Lektion 44

Der Nominativus cum infinitivo (NcI)

Nach Verben des Sagens und Meinens steht im Lateinischen der AcI. Bei manchen dieser Verben ändert sich die Konstruktion im Passiv: Anstelle eines AcI steht dann ein *Nominativus cum infinitivo* (NcI).

	(Akkusativ)		*(Infinitiv)*	
Hominēs trādunt	Iovem	dē caelō	dēscendisse.	
	Iuppiter	dē caelō	**dēscendisse**	**trāditur.**
	(Nominativ)		*(Infinitiv)*	

Übersetzung des NcI

Diese Konstruktion lässt sich im Deutschen meistens nicht direkt nachahmen. Du hast u. a. folgende Möglichkeiten:

1. **Es** wird überliefert, **dass** Jupiter vom Himmel herabgestiegen ist. (unpersönlich mit »dass«-Satz)
2. Jupiter **soll** vom Himmel herabgestiegen sein. (sollen/scheinen)
3. Jupiter ist – **wie man überliefert** – vom Himmel herabgestiegen. (Einschub)
4. Jupiter ist **angeblich/der Überlieferung nach** vom Himmel herabgestiegen. (Adverb oder Präpositionalausdruck)

Für Experten: Das Lateinische konstruiert persönlich: *Iuppiter* ist das Subjekt von *trāditur* und der Infinitivkonstruktion. Im Englischen lässt sich diese Konstruktion nachahmen: *Jupiter is said to have come down from heaven.*

Auslöser

Die typischen Auslöser-Verben kennst du schon vom AcI – beim NcI stehen sie im Passiv.

Der Genitiv des geteilten Ganzen *(genitivus partitivus)*

Cicero fuit optimus ōrātōrum.
(Cicero war der beste der Redner.) = Cicero war der beste Redner.

Wird ein Teil aus einer Menge herausgegriffen (hier das Ausnahmetalent Cicero aus der Menge aller Redner), so setzt der Lateiner die größere Einheit meist als Genitivattribut zur Teilmenge. Im Deutschen wird stattdessen gerne für beide Begriffe derselbe Kasus verwendet (»der beste Redner«).

Der *genitivus partitivus* steht besonders bei Mengenangaben sowie bei einigen Pronomina und Ortsangaben:

- pars hominum – *ein Teil der Leute*
- nihil/paulum/multum/satis virium – *keine/wenig/viel/genug Kraft*
- quis vestrum – *wer von euch*
- ubī terrārum? – *wo in aller Welt?*

Lektion 45

Die indirekte Rede

Oft wird eine direkte Rede von einer anderen Person wiedergegeben.

Wie du oben siehst, muss diese »indirekte Rede« in einigen Punkten an den neuen Sprecher und seinen Standpunkt angepasst werden (z. B. wird aus der 1. Person »ich« dann die 3. Person »er«). Dabei sind in jeder Sprache eigene Regeln zu beachten.

Die indirekte Rede im Lateinischen (oratio obliqua)

Im Prinzip kennst du die indirekte Rede im Lateinischen schon seit deinem ersten Jahr Lateinunterricht – nämlich vom AcI.

Nicēros: »Egō rem mīram vīdī.«
Nicēros nārrāvit [sē rem mīram vīdisse].
Nikeros erzählte, dass er etwas Sonderbares gesehen hat/habe.

Die indirekte Rede wird also wie im Deutschen oft von einem Verb des Sagens eingeleitet (z. B. *dīxit, nārrāvit*). Es muss aber bei längeren Passagen nicht in jedem Satz wiederholt werden.

Es gelten für die indirekte Rede folgende Regeln:
- Alle indikativischen Hauptsätze erscheinen im AcI; ebenso auch rhetorische Fragen, die ja keine echte Antwort erwarten.
- Alle Nebensätze erscheinen im Konjunktiv.
- Ebenfalls im Konjunktiv erscheinen Hauptsätze, die ein Begehren (z. B. Befehl, Rat, Wunsch) oder eine Frage enthalten.

Natürlich gelten die Regeln zum Zeitverhältnis weiterhin:

Zeitverhältnis im AcI:

Infinitiv Perfekt	vorzeitig
Infinitiv Präsens	gleichzeitig
(Infinitiv Futur)	(nachzeitig)

Zeitverhältnis für konjunktivische Sätze:

Konjunktiv Präsens/Imperfekt	gleichzeitig
Konjunktiv Perfekt/Plusquamperfekt	vorzeitig

Beispielsätze

direkte Rede	indirekte Rede
Nicēros amīcae dīxit:	Nicēros amīcae dīxit:
»Subitō comes vestēs ad viam posuit.	Subitō comitem vestēs ad viam posuisse.
Rēs etiam nunc mē terret.	Rem etiam nunc sē terrēre.
Sī fābulam nōn crēdis, venī et ipsa spectā!	Sī fābulam nōn crēderet, venīret et ipsa spectāret.
Timeō, nē etiam tū horrōre capiāris.«	Sē timēre, nē etiam illa horrōre caperētur.

direkte Rede	indirekte Rede
Nikeros sagte zu seiner Freundin:	*Nikeros sagte zu seiner Freundin:*
»Plötzlich legte mein Begleiter seine Kleidung am Wegesrand nieder.	*Sein Begleiter habe plötzlich seine Kleidung am Wegesrand niedergelegt.*
Die Erinnerung daran erschreckt mich auch jetzt noch.	*Die Erinnerung daran erschrecke ihn auch jetzt noch.*
Wenn du die Geschichte nicht glaubst, komm und schau selbst!«	*Wenn sie die Geschichte nicht glaube, solle sie kommen und selbst schauen!*
Ich fürchte, dass auch du von Angst ergriffen wirst.«	*Er fürchte, dass auch sie von Angst ergriffen werde.*

Erkläre anhand der Beispielsätze, worauf du beim Übersetzen der indirekten Rede achten musst:

1. Wie übersetzt du den Infinitiv Präsens?
2. Wie übersetzt du den Infinitiv Perfekt?
3. Woran erkennst du Aufforderungen und wie übersetzt du sie?
4. Welche Pronomina findest du, und auf welche Personen beziehen sie sich jeweils?

Die indirekte Rede im Deutschen

Bei indirekten Reden wird im Deutschen in der Hochsprache der Konjunktiv gebraucht, vor allem in öffentlichen Berichten, Nachrichten, Reden und in der Literatur. Im privaten Bereich hingegen wird oft auf ihn verzichtet.

Im Deutschen gibt es den Konjunktiv I und den Konjunktiv II.

Der Konjunktiv I wird vom Präsens abgeleitet, der Konjunktiv II vom Präteritum. Die Vergangenheitsform wird dann mit der entsprechenden Form von »sein/haben« und dem Partizip II gebildet.

		Präsens	Vergangenheit
Konjunktiv I:	(er geht →)	er gehe	er sei gegangen
	(er findet →)	er finde	er habe gefunden
Konjunktiv II:	(er ging →)	er ginge	er wäre gegangen
	(er fand →)	er fände	er hätte gefunden

Folgende Regeln gelten für die indirekte Rede im Deutschen:

1. Für die indirekte Rede benutzt du normalerweise den Konjunktiv I.

   Gegenwart in der direkte Rede → Konjunktiv I im Präsens
   Vergangenheit in der direkten Rede → Konjunktiv I in der Vergangenheit

   »Rēs etiam nunc mē terret.«
   → *»Das Ereignis erschreckt mich auch jetzt noch.«*

   Rem sē etiam nunc terrēre.
   → *Das Ereignis erschrecke ihn auch jetzt noch.*

   »Cum adhuc servīrem, rēs mīra accidit.«
   → *»Als ich noch ein Sklave war, geschah etwas Sonderbares.«*

   Cum adhuc servīret, rem mīram accidisse.
   → *Als er noch ein Sklave gewesen sei, sei etwas Sonderbares geschehen.*

2. Wenn die Form des Konjunktiv I vom Indikativ nicht zu unterscheiden ist, nimmst du als Ersatz den Konjunktiv II (selbst wenn der auch wieder mit dem Indikativ zusammenfällt).

   Er habe die Geschichte seinen Freunden erzählt.
   Doch sie (haben ihm nicht geglaubt →) hätten ihm nicht geglaubt.
   Doch sie (glauben ihm nicht) → glaubten ihm nicht.

Grammatikregister

Substantive

1. oder a-Deklination		
	Sg.	Pl.
Nom.	fīli-a	fīli-ae
Gen.	fīli-ae	fīli-ārum
Dat.	fīli-ae	fīli-īs
Akk.	fīli-am	fīli-ās
Abl.	fīli-ā	fīli-īs

2. oder o-Deklination (m.)		
	Sg.	Pl.
Nom.	fīli-us	fīli-ī
Gen.	fīli-ī	fīli-ōrum
Dat.	fīli-ō	fīli-īs
Akk.	fīli-um	fīli-ōs
Abl.	fīli-ō	fīli-īs

2. oder o-Deklination (n.)		
	Sg.	Pl.
Nom.	dōn-um	dōn-a
Gen.	dōn-ī	dōn-ōrum
Dat.	dōn-ō	dōn-īs
Akk.	dōn-um	dōn-a
Abl.	dōn-ō	dōn-īs

3. Deklination (m./f.)		
	Sg.	Pl.
Nom.	sacerdōs	sacerdōt-ēs
Gen.	sacerdōt-is	sacerdōt-um
Dat.	sacerdōt-ī	sacerdōt-ibus
Akk.	sacerdōt-em	sacerdōt-ēs
Abl.	sacerdōt-e	sacerdōt-ibus

3. Deklination (n.)		
	Sg.	Pl.
Nom.	carmen	carmin-a
Gen.	carmin-is	carmin-um
Dat.	carmin-ī	carmin-ibus
Akk.	carmen	carmin-a
Abl.	carmin-e	carmin-ibus

4. oder u-Deklination (m.)		
	Sg.	Pl.
Nom.	exercit-us	exercit-ūs
Gen.	exercit-ūs	exercit-uum
Dat.	exercit-uī	exercit-ibus
Akk.	exercit-um	exercit-ūs
Abl.	exercit-ū	exercit-ibus

5. oder e-Deklination (f.)		
	Sg.	Pl.
Nom.	r-ēs	r-ēs
Gen.	re-ī	r-ērum
Dat.	re-ī	r-ēbus
Akk.	r-em	r-ēs
Abl.	r-ē	r-ēbus

Adjektive

Adjektive der a- und o-Deklination

	Sg.			Pl.		
	m.	*f.*	*n.*	*m.*	*f.*	*n.*
Nom.	bon-us	bon-a	bon-um	bon-ī	bon-ae	bon-a
Gen.	bon-ī	bon-ae	bon-ī	bon-ōrum	bon-ārum	bon-ōrum
Dat.	bon-ō	bon-ae	bon-ō	bon-īs	bon-īs	bon-īs
Akk.	bon-um	bon-am	bon-um	bon-ōs	bon-ās	bon-a
Abl.	bon-ō	bon-ā	bon-ō	bon-īs	bon-īs	bon-īs

Adjektive der 3. Deklination

dreiendige Adjektive						
	Sg.			Pl.		
	m.	*f.*	*n.*	*m.*	*f.*	*n.*
Nom.	ācer	ācr-is	ācr-e	ācr-ēs		ācr-ia
Gen.	ācr-is			ācr-ium		
Dat.	ācr-ī			ācr-ibus		
Akk.	ācr-em		ācr-e	ācr-ēs		ācr-ia
Abl.	ācr-ī			ācr-ibus		

zweiendige Adjektive						
	Sg.			Pl.		
	m.	*f.*	*n.*	*m.*	*f.*	*n.*
Nom.	omn-is		omn-e	omn-ēs		omn-ia
Gen.	omn-is			omn-ium		
Dat.	omn-ī			omn-ibus		
Akk.	omn-em		omn-e	omn-ēs		omn-ia
Abl.	omn-ī			omn-ibus		

einendige Adjektive						
	Sg.			Pl.		
	m.	*f.*	*n.*	*m.*	*f.*	*n.*
Nom.	pār			par-ēs		par-ia
Gen.	par-is			par-ium		
Dat.	par-ī			par-ibus		
Akk.	par-em		pār	par-ēs		par-ia
Abl.	par-ī			par-ibus		

Komparativ der Adjektive

	Singular		
	m.	*f.*	*n.*
Nom.	saev-ior		saev-ius
Gen.	saev-iōr-is		
Dat.	saev-iōr-ī		
Akk.	saev-iōr-em		saev-ius
Abl.	saev-iōr-e		

	Plural		
	m.	*f.*	*n.*
Nom.	saev-iōr-ēs		saev-iōr-a
Gen.	saev-iōr-um		
Dat.	saev-iōr-ibus		
Akk.	saev-iōr-ēs		saev-iōr-a
Abl.	saev-iōr-ibus		

Pronomina

Personalpronomina

	1. P. Sg.	2. P. Sg.	3. P. Sg. (refl.)
Nom.	egō	tū	-
Gen.	meī	tuī	suī
Dat.	mihī	tibī	sibī
Akk.	mē	tē	sē
Abl.	ā mē	ā tē	ā sē

	1. P. Pl.	2. P. Pl.	3. P. Pl. (refl.)
Nom.	nōs	vōs	-
Gen.	nostrī	vestrī	suī
Dat.	nōbīs	vōbīs	sibī
Akk.	nōs	vōs	sē
Abl.	ā nōbīs	ā vōbīs	ā sē

Relativpronomina

qui, quae, quod

	Sg.			Pl.		
	m.	*f.*	*n.*	*m.*	*f.*	*n.*
Nom.	quī	quae	quod	quī	quae	quae
Gen.	cuius	cuius	cuius	quōrum	quārum	quōrum
Dat.	cui	cui	cui	quibus	quibus	quibus
Akk.	quem	quam	quod	quōs	quās	quae
Abl.	quō	quā	quō	quibus	quibus	quibus

ebenso: *aliqui(s) – quīdam, quaedam, quoddam – quisquam – quisque*
Interrogativpronomen *quis* (wie *m.*)

Demonstrativpronomina

is, ea, id

	Sg.			Pl.		
	m.	*f.*	*n.*	*m.*	*f.*	*n.*
Nom.	is	ea	id	iī (eī)	eae	ea
Gen.	eius	eius	eius	eōrum	eārum	eōrum
Dat.	ei	ei	ei	iīs (eīs)	iīs (eīs)	iīs (eīs)
Akk.	eum	eam	id	eōs	eās	ea
Abl.	eō	eā	eō	iīs (eīs)	iīs (eīs)	iīs (eīs)

ebenso: *hic, haec, hoc – ille, illa, illud – iste, ista, istud – ipse, ipsa, ipsum*

hic, haec, hoc

	Sg.			Pl.		
	m.	*f.*	*n.*	*m.*	*f.*	*n.*
Nom.	hic	haec	hoc	hī	hae	haec
Gen.	huius	huius	huius	hōrum	hārum	hōrum
Dat.	huic	huic	huic	hīs	hīs	hīs
Akk.	hunc	hanc	hoc	hōs	hās	haec
Abl.	hōc	hāc	hōc	hīs	hīs	hīs

ille, illa, illud

	Sg.			Pl.		
	m.	*f.*	*n.*	*m.*	*f.*	*n.*
Nom.	ille	illa	illud	illī	illae	illa
Gen.	illīus	illīus	illīus	illōrum	illārum	illōrum
Dat.	illī	illī	illī	illīs	illīs	illīs
Akk.	illum	illam	illud	illōs	illās	illa
Abl.	illō	illā	illō	illīs	illīs	illīs

Nominalformen und Infinitive der Verben

Partizipien

Partizip Perfekt Passiv (PPP)/ Partizip Passiv d. Vorzeitigkeit	vocā-**ns**, vocantis (wie 3. Dekl.) accipi-ēns, accipientis
Partizip Präsens Aktiv (PPA)/ Partizip Aktiv d. Gleichzeitigkeit	vocā**t-us**, a, um (wie a-/o-Dekl.) accept-us, a, um
Partizip Futur Aktiv (PFA)/ Partizip Aktiv d. Nachzeitigkeit	vocā**t-ūrus**, a, um (wie a-/o-Dekl.) accept-ūrus, a, um

Infinitive

	Aktiv	Passiv
Infinitiv Perfekt/ Infinitiv der Vorzeitigkeit	voca**v-isse** accep-isse	vocā**t-um esse** acceptum esse
Infinitiv Präsens/ Infinitiv der Gleichzeitigkeit	vocā-**re** accipe-re	vocā-**rī** accip-ī
Infinitiv Futur/ Infinitiv der Nachzeitigkeit	vocā**t-ūrum** esse accept-ūrum esse	

nd-Formen

voca-**ndus**
accipi-endus

Verben: Präsensstamm Aktiv

	Infinitiv	vocā-re	monē-re	audī-re	relinqu-e-re	accipe-re
Präsens (Indikativ)	1. Pers. Sg.	voc-ō	mone-ō	audi-ō	relinqu-ō	accipi-ō
	2. Pers. Sg.	vocā-s	monē-s	audī-s	relinqu-i-s	accipi-s
	3. Pers. Sg.	voca-t	mone-t	audi-t	relinqu-i-t	accipi-t
	1. Pers. Pl.	vocā-mus	monē-mus	audī-mus	relinqu-i-mus	accipi-mus
	2. Pers. Pl.	vocā-tis	monē-tis	audī-tis	relinqu-i-tis	accipi-tis
	3. Pers. Pl.	voca-nt	mone-nt	audi-u-nt	relinqu-u-nt	accipi-u-nt
Präsens (Konjunktiv)	1. Pers. Sg.	voc-e-m	mone-a-m	audi-a-m	relinqu-a-m	accipi-a-m
	2. Pers. Sg.	voc-ē-s	mone-ā-s	audi-ā-s	relinqu-ā-s	accipi-ā-s
	3. Pers. Sg.	voc-e-t	mone-a-t	audi-a-t	relinqu-a-t	accipi-a-t
	1. Pers. Pl.	voc-ē-mus	mone-ā-mus	audi-ā-mus	relinqu-ā-mus	accipi-ā-mus
	2. Pers. Pl.	voc-ē-tis	mone-ā-tis	audi-ā-tis	relinqu-ā-tis	accipi-ā-tis
	3. Pers. Pl.	voc-e-nt	mone-a-nt	audi-a-nt	relinqu-a-nt	accipi-a-nt
Imperfekt (Indikativ)	1. Pers. Sg.	vocā-ba-m	monē-ba-m	audi-ēba-m	relinqu-ēba-m	accipi-ēba-m
	2. Pers. Sg.	vocā-bā-s	monē-bā-s	audi-ēbā-s	relinqu-ēbā-s	accipi-ēbā-s
	3. Pers. Sg.	vocā-ba-t	monē-ba-t	audi-ēba-t	relinqu-ēba-t	accipi-ēba-t
	1. Pers. Pl.	vocā-bā-mus	monē-bā-mus	audi-ēbā-mus	relinqu-ēbā-mus	accipi-ēbā-mus
	2. Pers. Pl.	vocā-bā-tis	monē-bā-tis	audi-ēbā-tis	relinqu-ēbā-tis	accipi-ēbā-tis
	3. Pers. Pl.	vocā-ba-nt	monē-ba-nt	audi-ēba-nt	relinqu-ēba-nt	accipi-ēba-nt
Imperfekt (Konjunktiv)	1. Pers. Sg.	vocā-re-m	monē-re-m	audī-re-m	relinqu-e-re-m	accipe-re-m
	2. Pers. Sg.	vocā-rē-s	monē-rē-s	audī-rē-s	relinqu-e-rē-s	accipe-rē-s
	3. Pers. Sg.	vocā-re-t	monē-re-t	audī-re-t	relinqu-e-re-t	accipe-re-t
	1. Pers. Pl.	vocā-rē-mus	monē-rē-mus	audī-rē-mus	relinqu-e-rē-mus	accipe-rē-mus
	2. Pers. Pl.	vocā-rē-tis	monē-rē-tis	audī-rē-tis	relinqu-e-rē-tis	accipe-rē-tis
	3. Pers. Pl.	vocā-re-nt	monē-re-nt	audī-re-nt	relinqu-e-re-nt	accipe-re-nt
Futur I	1. Pers. Sg.	vocā-b-ō	monē-b-ō	audi-a-m	relinqu-a-m	accipi-a-m
	2. Pers. Sg.	vocā-bi-s	monē-bi-s	audi-ē-s	relinqu-ē-s	accipi-ē-s
	3. Pers. Sg.	vocā-bi-t	monē-bi-t	audi-e-t	relinqu-e-t	accipi-e-t
	1. Pers. Pl.	vocā-bi-mus	monē-bi-mus	audi-ē-mus	relinqu-ē-mus	accipi-ē-mus
	2. Pers. Pl.	vocā-bi-tis	monē-bi-tis	audi-ē-tis	relinqu-ē-tis	accipi-ē-tis
	3. Pers. Pl.	vocā-bu-nt	monē-bu-nt	audi-e-nt	relinqu-e-nt	accipi-e-nt
	Imp. Sg.	vocā!	monē!	audī!	relinqu-e!	accip-e!
	Imp. Pl.	vocā-te!	monē-te!	audī-te!	relinqu-i-te!	accipi-te!

Verben: Präsensstamm Passiv

	Infinitiv	vocā-rī	monē-rī	audī-rī	relinqu-ī	accip-ī
Präsens (Indikativ)	1. Pers. Sg.	voc-or	mone-or	audi-or	relinqu-or	accipi-or
	2. Pers. Sg.	vocā-ris	monē-ris	audī-ris	relinqu-e-ris	accip-e-ris
	3. Pers. Sg.	vocā-tur	monē-tur	audī-tur	relinqu-i-tur	accipi-tur
	1. Pers. Pl.	vocā-mur	monē-mur	audī-mur	relinqu-i-mur	accipi-mur
	2. Pers. Pl.	vocā-minī	monē-minī	audī-minī	relinqu-i-minī	accipi-minī
	3. Pers. Pl.	voca-ntur	mone-ntur	audi-u-ntur	relinqu-u-ntur	accipi-u-ntur
Präsens (Konjunktiv)	1. Pers. Sg.	voc-e-r	mone-a-r	audi-a-r	relinqu-a-r	accipi-a-r
	2. Pers. Sg.	voc-ē-ris	mone-ā-ris	audi-ā-ris	relinqu-ā-ris	accipi-ā-ris
	3. Pers. Sg.	voc-ē-tur	mone-ā-tur	audi-ā-tur	relinqu-ā-tur	accipi-ā-tur
	1. Pers. Pl.	voc-ē-mur	mone-ā-mur	audi-ā-mur	relinqu-ā-mur	accipi-ā-mur
	2. Pers. Pl.	voc-ē-minī	mone-ā-minī	audi-ā-minī	relinqu-ā-minī	accipi-ā-minī
	3. Pers. Pl.	voc-e-ntur	mone-a-ntur	audi-a-ntur	relinqu-a-ntur	accipi-a-ntur
Imperfekt (Indikativ)	1. Pers. Sg.	vocā-ba-r	monē-ba-r	audi-ēba-r	relinqu-ēba-r	accipi-ēba-r
	2. Pers. Sg.	vocā-bā-ris	monē-bā-ris	audi-ēbā-ris	relinqu-ēbā-ris	accipi-ēbā-ris
	3. Pers. Sg.	vocā-bā-tur	monē-bā-tur	audi-ēbā-tur	relinqu-ēbā-tur	accipi-ēbā-tur
	1. Pers. Pl.	vocā-bā-mur	monē-bā-mur	audi-ēbā-mur	relinqu-ēbā-mur	accipi-ēbā-mur
	2. Pers. Pl.	vocā-bā-minī	monē-bā-minī	audi-ēbā-minī	relinqu-ēbā-minī	accipi-ēbā-minī
	3. Pers. Pl.	vocā-ba-ntur	monē-ba-ntur	audi-ēba-ntur	relinqu-ēba-ntur	accipi-ēba-ntur
Imperfekt (Konjunktiv)	1. Pers. Sg.	vocā-re-r	monē-re-r	audī-re-r	relinqu-e-re-r	accipe-re-r
	2. Pers. Sg.	vocā-rē-ris	monē-rē-ris	audī-rē-ris	relinqu-e-rē-ris	accipe-rē-ris
	3. Pers. Sg.	vocā-rē-tur	monē-rē-tur	audī-rē-tur	relinqu-e-rē-tur	accipe-rē-tur
	1. Pers. Pl.	vocā-rē-mur	monē-rē-mur	audī-rē-mur	relinqu-e-rē-mur	accipe-rē-mur
	2. Pers. Pl.	vocā-rē-minī	monē-rē-minī	audī-rē-minī	relinqu-e-rē-minī	accipe-rē-minī
	3. Pers. Pl.	vocā-re-ntur	monē-re-ntur	audī-re-ntur	relinqu-e-re-ntur	accipe-re-ntur
Futur I	1. Pers. Sg.	vocā-b-or	monē-b-or	audi-a-r	relinqu-a-r	accipi-a-r
	2. Pers. Sg.	vocā-be-ris	monē-be-ris	audi-ē-ris	relinqu-ē-ris	accipi-ē-ris
	3. Pers. Sg.	vocā-bi-tur	monē-bi-tur	audi-ē-tur	relinqu-ē-tur	accipi-ē-tur
	1. Pers. Pl.	vocā-bi-mur	monē-bi-mur	audi-ē-mur	relinqu-ē-mur	accipi-ē-mur
	2. Pers. Pl.	vocā-bi-minī	monē-bi-minī	audi-ē-minī	relinqu-ē-minī	accipi-ē-minī
	3. Pers. Pl.	vocā-bu-ntur	monē-bu-ntur	audi-e-ntur	relinqu-e-ntur	accipi-e-ntur

Verben: Perfektstamm Aktiv und Passiv

Aktiv

	Infinitiv	vocāv-isse
Perfekt (Indikativ)	1. Pers. Sg.	vocāv-ī
	2. Pers. Sg.	vocāv-istī
	3. Pers. Sg.	vocāv-it
	1. Pers. Pl.	vocāv-imus
	2. Pers. Pl.	vocāv-istis
	3. Pers. Pl.	vocāv-ērunt
Perfekt (Konjunktiv)	1. Pers. Sg.	vocāv-erim
	2. Pers. Sg.	vocāv-eris
	3. Pers. Sg.	vocāv-erit
	1. Pers. Pl.	vocāv-erimus
	2. Pers. Pl.	vocāv-eritis
	3. Pers. Pl.	vocāv-erint
Plusquamperfekt (Indikativ)	1. Pers. Sg.	vocāv-eram
	2. Pers. Sg.	vocāv-erās
	3. Pers. Sg.	vocāv-erat
	1. Pers. Pl.	vocāv-erāmus
	2. Pers. Pl.	vocāv-erātis
	3. Pers. Pl.	vocāv-erant
Plusquamperfekt (Konjunktiv)	1. Pers. Sg.	vocāv-isse-m
	2. Pers. Sg.	vocāv-issē-s
	3. Pers. Sg.	vocāv-isse-t
	1. Pers. Pl.	vocāv-issē-mus
	2. Pers. Pl.	vocāv-issē-tis
	3. Pers. Pl.	vocāv-isse-nt
Futur II (Indikativ)	1. Pers. Sg.	vocāv-erō
	2. Pers. Sg.	vocāv-eris
	3. Pers. Sg.	vocāv-erit
	1. Pers. Pl.	vocāv-erimus
	2. Pers. Pl.	vocāv-eritis
	3. Pers. Pl.	vocāv-erint

Passiv

	Infinitiv	vocā-tum esse
Perfekt (Indikativ)	1. Pers. Sg.	vocā-tus (a, um) sum
	2. Pers. Sg.	vocā-tus (a, um) es
	3. Pers. Sg.	vocā-tus (a, um) est
	1. Pers. Pl.	vocā-tī (ae, a) sumus
	2. Pers. Pl.	vocā-tī (ae, a) estis
	3. Pers. Pl.	vocā-tī (ae, a) sunt
Perfekt (Konjunktiv)	1. Pers. Sg.	vocā-tus (a, um) sim
	2. Pers. Sg.	vocā-tus (a, um) sīs
	3. Pers. Sg.	vocā-tus (a, um) sit
	1. Pers. Pl.	vocā-tī (ae, a) simus
	2. Pers. Pl.	vocā-tī (ae, a) sītis
	3. Pers. Pl.	vocā-tī (ae, a) sint
Plusquamperfekt (Indikativ)	1. Pers. Sg.	vocā-tus (a, um) eram
	2. Pers. Sg.	vocā-tus (a, um) erās
	3. Pers. Sg.	vocā-tus (a, um) erat
	1. Pers. Pl.	vocā-tī (ae, a) erāmus
	2. Pers. Pl.	vocā-tī (ae, a) erātis
	3. Pers. Pl.	vocā-tī (ae, a) erant
Plusquamperfekt (Konjunktiv)	1. Pers. Sg.	vocā-tus (a, um) essem
	2. Pers. Sg.	vocā-tus (a, um) essēs
	3. Pers. Sg.	vocā-tus (a, um) esset
	1. Pers. Pl.	vocā-tī (ae, a) essēmus
	2. Pers. Pl.	vocā-tī (ae, a) essētis
	3. Pers. Pl.	vocā-tī (ae, a) essent
Futur II (Indikativ)	1. Pers. Sg.	vocā-tus (a, um) erō
	2. Pers. Sg.	vocā-tus (a, um) eris
	3. Pers. Sg.	vocā-tus (a, um) erit
	1. Pers. Pl.	vocā-tī (ae, a) erimus
	2. Pers. Pl.	vocā-tī (ae, a) eritis
	3. Pers. Pl.	vocā-tī (ae, a) erunt

Unregelmäßige Verben

	Infinitiv	esse	posse	īre	ferre	fierī	velle	nōlle
		sein	können	gehen	(er)tragen	werden	wollen	nicht wollen
Präsens (Indikativ)	1. Pers. Sg.	sum	pos-sum	eō	ferō	fīō	volō	nōlō
	2. Pers. Sg.	es	pot-es	īs	fers	fīs	vīs	nōn vīs
	3. Pers. Sg.	est	pot-est	it	fert	fit	vult	nōn vult
	1. Pers. Pl.	sumus	pos-sumus	īmus	ferimus	fīmus	volumus	nōlumus
	2. Pers. Pl.	estis	pot-estis	ītis	fertis	fītis	vultis	nōn vultis
	3. Pers. Pl.	sunt	pos-sunt	eunt	ferunt	fīunt	volunt	nōlunt
Präsens (Konjunktiv)	1. Pers. Sg.	sim	pos-sim	eam	fer-a-m	fīam	velim	nōlim
	2. Pers. Sg.	sīs	pos-sīs	eās	fer-ā-s	fīās	velīs	nōlīs
	3. Pers. Sg.	sit	pos-sit	eat	fer-a-t	fīat	velit	nōlit
	1. Pers. Pl.	sīmus	pos-sīmus	eāmus	fer-ā-mus	fīāmus	velīmus	nōlīmus
	2. Pers. Pl.	sītis	pos-sītis	eātis	fer-ā-tis	fīātis	velītis	nōlītis
	3. Pers. Pl.	sint	pos-sint	eant	fer-a-nt	fīant	velint	nōlint
Imperfekt (Indikativ)	1. Pers. Sg.	eram	pot-eram	ī-ba-m	fer-ēba-m	fīēbam	vol-ēba-m	nōl-ēba-m
	2. Pers. Sg.	erās	pot-erās	ī-bā-s	fer-ēbā-s	fīēbās	vol-ēbā-s	nōl-ēbā-s
	3. Pers. Sg.	erat	pot-erat	ī-ba-t	fer-ēba-t	fīēbat	vol-ēba-t	nōl-ēba-t
	1. Pers. Pl.	erāmus	pot-erāmus	ī-bā-mus	fer-ēbā-mus	fīēbāmus	vol-ēbā-mus	nōl-ēbā-mus
	2. Pers. Pl.	erātis	pot-erātis	ī-bā-tis	fer-ēbā-tis	fīēbātis	vol-ēbā-tis	nōl-ēbā-tis
	3. Pers. Pl.	erant	pot-erant	ī-ba-nt	fer-ēba-nt	fīēbant	vol-ēba-nt	nōl-ēba-nt
Imperfekt (Konjunktiv)	1. Pers. Sg.	esse-m	posse-m	īre-m	ferre-m	fierem	vellem	nōllem
	2. Pers. Sg.	essē-s	possē-s	īrē-s	ferrē-s	fierēs	vellēs	nōllēs
	3. Pers. Sg.	esse-t	posse-t	īre-t	ferre-t	fieret	vellet	nōllet
	1. Pers. Pl.	essē-mus	possē-mus	īrē-mus	ferrē-mus	fierēmus	vellēmus	nōllēmus
	2. Pers. Pl.	essē-tis	possē-tis	īrē-tis	ferrē-tis	fierētis	vellētis	nōllētis
	3. Pers. Pl.	esse-nt	posse-nt	īre-nt	ferre-nt	fierent	vellent	nōllent
Futur I	1. Pers. Sg.	erō	pot-erō	ī-bō	fer-a-m	fīam	vol-a-m	nōl-am
	2. Pers. Sg.	eris	pot-eris	ī-bis	fer-ē-s	fīēs	vol-ē-s	nōl-ē-s
	3. Pers. Sg.	erit	pot-erit	ī-bit	fer-e-t	fīet	vol-e-t	nōl-e-t
	1. Pers. Pl.	erimus	pot-erimus	ī-bimus	fer-ē-mus	fīēmus	vol-ē-mus	nōl-ē-mus
	2. Pers. Pl.	eritis	pot-eritis	ī-bitis	fer-ē-tis	fīētis	vol-ē-tis	nōl-ē-tis
	3. Pers. Pl.	erunt	pot-erunt	ī-bunt	fer-e-nt	fīent	vol-e-nt	nōl-e-nt

Perfektstamm

Infinitiv	fu-isse	potu-isse	īsse	tul-isse	factum esse	volu-isse	nōlu-isse

Stammformen

a-Konjugation (regelmäßig mit v-Perfekt)

accūsare, -ō, -āvī, -ātum	anklagen	36
recūsāre, -ō, -āvī, -ātum	ablehnen; zurückweisen	35
administrāre, -ō, -āvī, -ātum	verwalten	37
aedificāre, -ō, -āvī, -ātum	bauen	12
aestimāre, -ō, -āvī, -ātum	(ein)schätzen; meinen	40
existimāre, -ō, -āvī, -ātum	einschätzen; meinen	28
amāre, -ō, -āvī, -ātum	lieben; mögen	9
appellāre, -ō, -āvī, -ātum	nennen	20
appropinquāre, -ō, -āvī, -ātum	sich nähern	28
cantāre, -ō, -āvī, -ātum	singen	4
certāre, -ō, -āvī, -ātum	streiten; (wett-)kämpfen	27
clāmāre, -ō, -āvī, -ātum	rufen; schreien	2
cōgitāre, -ō, -āvī, -ātum	denken	39
creāre, -ō, -āvī, -ātum	erschaffen; wählen	23
cūrāre, -ō, -āvī, -ātum	1. behandeln; pflegen 2. sich *um etw.* kümmern; sorgen *(für)*	2
damnare, -ō, -āvī, -ātum	verurteilen	39
dēlectāre, -ō, -āvī, -ātum	erfreuen; *jdm.* Spaß machen	6
dēlīberāre, -ō, -āvī, -ātum	überlegen	12
dēmōnstrāre, -ō, -āvī, -ātum	(deutlich) zeigen; beweisen	11
dēsīderāre, -ō, -āvī, -ātum	vermissen; sich sehen nach	42
dōnāre, -ō, -āvī, -ātum	(be)schenken	33
dubitāre, -ō, -āvī, -ātum	1. zögern 2. (be)zweifeln	27
ēducāre, -ō, -āvī, -ātum	erziehen	33
errāre, -ō, -āvī, -ātum	sich irren; umherirren	3
ēvītāre, -ō, -āvī, -ātum	vermeiden	38
excitāre, -ō, -āvī, -ātum	antreiben; ermuntern; wecken	26
habitāre, -ō, -āvī, -ātum	(be)wohnen	1
iactāre, -ō, -āvī, -ātum	werfen; schleudern	28
īgnōrāre, -ō, -āvī, -ātum	nicht kennen; nicht wissen	9
non ignorare, -ō, -āvī, -ātum	genau kennen; genau wissen	9
immolāre, -ō, -āvī, -ātum	opfern	4
imperāre, -ō, -āvī, -ātum	befehlen; herrschen (über)	40
implōrāre, -ō, -āvī, -ātum	*jmdn.* anflehen	4
incitāre, -ō, -āvī, -ātum	1. erregen 2. antreiben	2

intrāre, -ō, -āvī, -ātum	eintreten; betreten	1
invītāre, -ō, -āvī, -ātum	einladen	12
iūdicāre, -ō, -āvī, -ātum	1. (als etwas) beurteilen 2. entscheiden	27
iūrāre, -ō, -āvī, -ātum	schwören	40
labōrāre, -ō, -āvī, -ātum	1. sich bemühen; arbeiten 2. in Not sein; leiden	9
laudāre, -ō, -āvī, -ātum	loben	18
līberāre, -ō, -āvī, -ātum	befreien	29
mūtāre, -ō, -āvī, -ātum	(ver)ändern; verwandeln	42
nārrāre, -ō, -āvī, -ātum	erzählen	11
necāre, -ō, -āvī, -ātum	töten	11
negāre, -ō, -āvī, -ātum	verneinen	39
numerāre, -ō, -āvī, -ātum	zählen	45
nūntiāre, -ō, -āvī, -ātum	melden; verkünden	33
obsecrāre, -ō, -āvī, -ātum	anflehen; beschwören	24
occultāre, -ō, -āvī, -ātum	verstecken	28
optāre, -ō, -āvī, -ātum	wünschen	23
ōrāre, -ō, -āvī, -ātum	bitten	16
parāre, -ō, -āvī, -ātum	(vor)bereiten	12
comparāre, -ō, -āvī, -ātum	1. beschaffen 2. vergleichen	27
reparāre, -ō, -āvī, -ātum	wiederherstellen; reparieren	13
peccāre, -ō, -āvī, -ātum	einen Fehler machen; sündigen	34
perturbāre, -ō, -āvī, -ātum	(völlig) verwirren	34
plācāre, -ō, -āvī, -ātum	beruhigen	4
portāre, -ō, -āvī, -ātum	tragen; bringen	28
apportāre, -ō, -āvī, -ātum	herbeitragen; (über)bringen	2
postulāre, -ō, -āvī, -ātum	fordern	29
pōtāre, -ō, -āvī, -ātum	trinken; saufen	35
praedicāre, -ō, -āvī, -ātum	laut verkünden; rühmen	18
prīvāre, -ō, -āvī, -ātum	1. *einer Sache* berauben 2. von *etw.* befreien	38
probāre, -ō, -āvī, -ātum	1. prüfen 2. gut finden; billigen 3. beweisen	37
properāre, -ō, -āvī, -ātum	eilen; sich beeilen	8
pūgnāre, -ō, -āvī, -ātum	kämpfen	5
oppūgnāre, -ō, -āvī, -ātum	angreifen	21
putāre, -ō, -āvī, -ātum	1. glauben; meinen 2. für *etw.* halten	9
renovāre, -ō, -āvī, -ātum	erneuern	35
rogāre, -ō, -āvī, -ātum	1. fragen 2. bitten	8
interrogāre, -ō, -āvī, -ātum	fragen	42
salūtāre, -ō, -āvī, -ātum	grüßen	5

servāre, -ō, -āvī, -ātum	retten; bewahren	11
conservāre, -ō, -āvī, -ātum	retten; bewahren	41
simulāre, -ō, -āvī, -ātum	vortäuschen	11
spectāre, -ō, -āvī, -ātum	betrachten; (hin)schauen	1
exspectāre, -ō, -āvī, -ātum	(er)warten	1
spērāre, -ō, -āvī, -ātum	hoffen	14
dēspērāre, -ō, -āvī, -ātum	verzweifeln	13
spoliāre, -ō, -āvī, -ātum	plündern, *einer Sache* berauben	37
superāre, -ō, -āvī, -ātum	besiegen; übertreffen	17
temperāre, -ō, -āvī, -ātum	Maß halten	23
temptāre, -ō, -āvī, -ātum	betasten: 1. versuchen 2. angreifen	38
tolerāre, -ō, -āvī, -ātum	ertragen	3
verberāre, -ō, -āvī, -ātum	prügeln	2
vindicāre, -ō, -āvī, -ātum	bestrafen	36
violāre, -ō, -āvī, -ātum	verletzen; vergewaltigen	42
vocāre, -ō, -āvī, -ātum	1. rufen 2. nennen	7
volāre, -ō, -āvī, -ātum	fliegen	12

a-Konjugation (mit Dehnungsperfekt)

iuvāre, iuvō, iūvī, iūtum	1. unterstützen; helfen 2. erfreuen	7
adiuvāre, -iuvō, -iūvī, -iūtum	unterstützen; helfen	27

a-Konjugation (mit Reduplikationsperfekt)

dare, dō, dedī, datum	geben	4
circumdare, -dō, -dedī, -datum	umgeben	20
stāre, stō, stetī, statum	stehen	4
cōnstat, constitīt *(+ AcI)*	es steht fest, dass	9
īnstāre, īnstō, īnstitī *(+ Dat.)*	*jdm.* bevorstehen; drohen	38
praestāre, -stō, -stitī, -stitum	1. *mit Dat.*: (»vor *jdm.* stehen«) → *jdn.* übertreffen 2. *mit Akk.*: *etw.* geben; *etw.* leisten	27
sē praestāre	sich zeigen, sich erweisen als	34
restāre, -stō, -stitī, –	1. übrig bleiben 2. Widerstand leisten	37

a-Konjugation (Deponentien)

cōnārī, cōnor, cōnātus sum	versuchen	44
hortārī, hortor, hortātus sum	auffordern; ermahnen	41
mīrārī, mīror, mīrātus sum	sich wundern	43

morārī, moror, morātus sum	sich aufhalten	42
precārī, precor, precātus sum	bitten; beten	42

e-Konjugation (mit v-Perfekt)

complēre, -pleō, -plēvī, -plētum	anfüllen	13
dēlēre, dēleō, dēlēvī, dēlētum	zerstören	7
flēre, fleō, flēvī, flētum	(be)weinen	4

e-Konjugation (regelmäßig mit u-Perfekt)

cēnsēre, cēnseō, cēnsuī, cēnsum	1. meinen 2. beschließen	9
dēbēre, dēbeō, dēbuī, dēbitum	1. müssen 2. schulden 3. verdanken	1
decet *(+ Inf./AcI),* decuit	es gehört sich *für jdn., etw. zu tun*	23
docēre, doceō, docuī, doctum	lehren; unterrichten	20
habēre, habeō, habuī, habitum	haben	8
adhibēre, -hibeō, -hibuī, -hibitum	anwenden; hinzuziehen	29
prohibēre, -hibeō, -hibuī, -hibitum	fernhalten; abhalten; hindern	25
iacēre, iaceō, iacuī, –	liegen	5
latēre, lateō, latuī, –	versteckt sein	28
licet, licuit – *(+ Inf.)*	es ist erlaubt	2
miscēre, misceō, miscuī, mixtum	mischen; verwirren	40
monēre, moneō, monuī, monitum	(er)mahnen	10
oportet, oportuit	es gehört sich; es ist nötig	14
paenitet, paenituit *(+ Akk.) (+ Gen. der Sache)*	es reut *jdn. einer Sache*	35
pārēre, pāreō, pāruī, –	gehorchen	1
appārēre, -pāreō, -pāruī, –	erscheinen; sich zeigen	25
placēre, placeō, placuī, placitum	gefallen	1
praebēre, praebeō, praebuī, praebitum	geben	8
studēre, studeō, studuī, – *(+ Dat.)*	sich bemühen (um)	15
tacēre, taceō, tacuī, tacitum	schweigen	
tenēre, teneō, tenuī, tentum	halten; haben	19
attinēre, -tineō, -tinuī, -tentum	1. festhalten 2. sich erstrecken 3. *jdn.* betreffen, angehen	35
obtinēre, -tineō, -tinuī, -tentum	innehaben; (besetzt) halten	23
terrēre, terreō, terruī, territum	*jmdn.* erschrecken	19
perterrēre, -terreō, -terruī, -territum	gewaltig erschrecken	28
timēre, timeō, timuī, –	(sich) fürchten (vor)	4
valēre, valeō, valuī, –	1. gesund sein 2. stark sein 3. imstande sein	26

e-Konjugation (mit s-Perfekt)

ārdēre, ārdeō, ārsī, ārsum	brennen; glühen	7
augēre, augeō, auxī, auctum	vergrößern	13
haerēre, haereō, haesī, haesum	hängen; stecken bleiben	11
iubēre, iubeō, iussī, iussum	befehlen	9
manēre, maneō, mānsī, mānsum	bleiben; (er)warten	33
remanēre, -maneō, -mānsī, -mānsum	(zurück)bleiben	13
persuādēre, -suādeō, -suāsī, -suāsum *(+ Dat.)*	1. überzeugen 2. überreden	27
rīdēre, rīdeō, rīsī, rīsum	lachen	15

e-Konjugation (mit Reduplikationsperfekt)

respondēre, respondeō, respondī, respōnsum	antworten	8

e-Konjugation (mit Dehnungsperfekt)

cavēre, caveō, cāvī, cautum *(+ Akk.)*	sich *vor etw.* hüten	19
favēre, faveō, fāvī, fautum *(+ Dat.)*	*jdm.* geneigt sein	27
movēre, moveō, mōvī, mōtum	1. bewegen 2. beeindrucken	2
commovēre, -moveō, -mōvī, -mōtum	(innerlich) bewegen; veranlassen	28
permovēre, -moveō, -mōvī, -mōtum	(innerlich) stark bewegen: 1. beunruhigen 2. veranlassen	39
removēre, -moveō, -mōvī, -mōtum	entfernen	13
sedēre, sedeō, sēdī, sessum	sitzen	27
vidēre, videō, vīdī, vīsum	sehen	2

e-Konjugation (Deponentien)

vidērī, videor, vīsus sum	scheinen	42
fatērī, fateor, fassus sum	bekennen; gestehen	42
cōnfitērī, -fiteor, -fessus sum	bekennen; gestehen	45
rērī, reor, ratus sum	meinen	44

e-Konjugation (Semideponentien)

audēre, audeō, ausus sum	wagen	22
gaudēre, gaudeō, gāvīsus sum *(+ Abl.)*	sich (über *etw.*) freuen	5
solēre, soleō, solitus sum	gewöhnlich tun, gewohnt sein	23

i-Konjugation (regelmäßig mit v-Perfekt)

audīre, audiō, audīvī, audītum	hören	3
custōdīre, custōdiō, custōdīvī, custōdītum	bewachen	38
mūnīre, mūniō, mūnīvī, mūnītum	befestigen	30
pūnīre, pūniō, pūnīvī, pūnītum	bestrafen	28
scīre, sciō, scīvī, scītum	wissen	15
nescīre, -sciō, -scīvī, -scītum	nicht wissen	15
servīre, servīo, servīvī (serviī), servītum	dienen; Sklave sein	45

i-Konjugation (mit u-Perfekt)

aperīre, aperiō, aperuī, apertum	öffnen; aufdecken	25
operīre, operiō, operuī, opertum	schließen	45

i-Konjugation (mit s-Perfekt)

sentīre, sentiō, sēnsī, sēnsum	1. fühlen; merken 2. meinen	42

i-Konjugation (mit Reduplikationsperfekt)

comperīre, comperiō, comperī, compertum	erfahren	14
reperīre, reperiō, repperī, repertum	(wieder)finden	38

i-Konjugation (mit Dehnungsperfekt)

venīre, veniō, vēnī, ventum	kommen	1
advenīre, -veniō, -vēnī, -ventum	ankommen; herbeikommen	33
convenīre, -veniō, -vēnī, -ventum	»zusammenkommen«: 1. *jdn.* treffen 2. sich einigen	15
ēvenīre, -veniō, -vēnī, -ventum	1. herauskommen 2. sich ereignen	30
invenīre, -veniō, -vēnī, -ventum	(er)finden	2
pervenīre, -veniō, -vēnī, -ventum	hinkommen; erreichen	17

i-Konjugation (Deponentien)

experīrī, experior, expertus sum	erproben, erfahren	43

konsonantische Konjugation (mit v-Perfekt)

cernere, cernō, crēvī, crētum	wahrnehmen; sehen; bemerken	21
cognōscere, cognōscō, cognōvī, cognitum	kennenlernen; erkennen	20
cōnsuēscere, cōnsuēscō, cōnsuēvī, cōnsuētum	sich gewöhnen; *Perf.*: gewohnt sein	42
crēscere, crēscō, crēvī, crētum	wachsen	31

petere, petō, petīvī, petītum	[»anpeilen, anvisieren«] 1. aufsuchen; sich begeben 2. verlangen; (er)bitten 3. angreifen	5
appetere, -petō, -petīvī, -petītum	*verstärktes* petere	27
quaerere, quaerō, quaesīvī, quaesītum	suchen	8
quiēscere, quiēscō, quiēvī, quiētum	(aus)ruhen; schlafen	43
sinere, sinō, sīvī (siī), situm	lassen; zulassen	40
dēsinere, -sinō, -siī, -situm	aufhören	3

konsonantische Konjugation (mit u-Perfekt)

colere, colō, coluī, cultum	»sich intensiv beschäftigen mit«: 1. bewirtschaften 2. pflegen 3. verehren	16
pōnere, pōnō, posuī, positum	stellen; legen	11
compōnere, -pōnō, -posuī, -positum	zusammenstellen: 1. sich ausdenken; abfassen 2. ordnen 3. vergleichen	40
dēpōnere, -pōnō, -posuī, -positum	1. ablegen 2. aufgeben	26
impōnere, -pōnō, -posuī, -positum	auferlegen	20
prōpōnere, -pōnō, -posuī, -positum	vorlegen; vorschlagen	19
statuere, statuō, statuī, statūtum	1. aufstellen 2. festsetzen; beschließen	26
cōnstituere, -stituō, -stituī, -stitūtum	1. aufstellen 2. festsetzen; beschließen	30
restituere, -stituō, -stituī, -stitūtum	wiederherstellen	13

konsonantische Konjugation (mit s-Perfekt)

carpere, carpō, carpsī, carptum	pflücken; abreißen	22
cēdere, cēdō, cessī, cessum	gehen; weichen; nachgeben	26
abscēdere, -cēdō, -cessī, -cessum	weggehen	34
accēdere, -cēdō, -cessī, -cessum	hingehen	37
discēdere, -cēdō, -cessī, -cessum	auseinandergehen; (weg)gehen	45
prōcēdere, -cēdō, -cessī, -cessum	1. vorrücken 2. Fortschritte machen	30
claudere, claudō, clausī, clausum	(ab-/ein-)schließen	25
conclūdere, -clūdō, -clūsī, -clūsum	1. schließen 2. folgern	34
dīcere, dīcō, dīxī, dictum	sagen	2
dūcere, dūcō, dūxī, ductum	1. führen 2. meinen; für *etw.* halten	12
abdūcere, -dūcō, -dūxī, -ductum	wegführen; entführen	22
addūcere, -dūcō, -dūxī, -ductum	1. heranführen 2. veranlassen	38
redūcere, -dūcō, -dūxī, -ductum	zurückführen	20
trādūcere, -dūcō, -dūxī, -ductum	hinüberführen; *jdn.* über *etw.* führen	30
exstinguere, -stinguō, -stīnxī, -stīnctum	auslöschen; vernichten	13
fingere, fingō, fīnxī, fictum	1. gestalten 2. sich *etw.* ausdenken	22

gerere, gerō, gessī, gestum	tragen; führen; ausführen	27
laedere, laedō, laesī, laesum	verletzen; beleidigen	28
(legere, legō, lēgī, lēctum)	1. sammeln; auswählen 2. lesen	15
dīligere, dīligō, dīlēxī, dīlēctum	schätzen; lieben	16
intellegere, intellegō, intellēxī, intellēctum	bemerken; verstehen	10
neglegere, neglegō, neglēxī, neglēctum	1. nicht beachten; missachten 2. vernachlässigen	10
lūdere, lūdō, lūsī, lūsum	spielen	9
īnstruere, -struō, -strūxī, -strūctum	1. aufstellen 2. ausrüsten 3. unterrichten	38
mittere, mittō, mīsī, missum	schicken	24
āmittere, -mittō, -mīsī, -missum	verlieren	5
committere, -mittō, -mīsī, -missum	1. veranstalten 2. überlassen; anvertrauen	32
dīmittere, -mittō, -mīsī, -missum	entsenden; entlassen	43
ēmittere, -mittō, -mīsī, -missum	hinausschicken	25
intermittere, -mittō, -mīsī, -missum	unterbrechen	30
permittere, -mittō, -mīsī, -missum	erlauben	37
prōmittere, -mittō, -mīsī, -missum	versprechen	15
nūbere, nūbō, nūpsī, nūptum *(+ Dat.)*	heiraten	15
opprimere, opprimō, oppressī, oppressum	1. bedrohen; niederdrücken 2. überfallen	19
regere, regō, rēxī, rēctum	lenken; leiten; beherrschen	19
pergere, pergō, perrēxī, perrēctum	1. weitermachen; fortsetzen 2. aufbrechen (≈ sich auf den Weg machen)	14
surgere, surgō, surrēxī, surrēctum	sich erheben	43
scrībere, scrībō, scrīpsī, scrīptum	schreiben	39
stringere, stringō, strīnxī, strictum	1. ziehen 2. (ab-)streifen	45
sūmere, sūmō, sūmpsī, sūmptum	nehmen	35
absūmere, -sūmō, -sūmpsī, -sūmptum	1. verbrauchen 2. vernichten	33
cōnsūmere, -sūmō, -sūmpsī, -sūmptum	verbrauchen; verwenden	33
trahere, trahō, trāxī, tractum	ziehen	2
vīvere, vīvō, vīxī	leben	12

konsonantische Konjugation (mit Reduplikationsperfekt)

bibere, bibō, bibī, –	trinken	23
cadere, cadō, cecidī, -	fallen	43
accidere, accidō, accidī, –	sich ereignen; geschehen	23
dēcidere, -cidō, -cidī, –	herabfallen	25
occidere, óccidō, óccidī, -	umkommen	39
caedere, caedō, cecīdī, caesum	fällen; niederhauen; töten	31

occīdere, -cīdō, -cīdī, -cīsum	niederhauen; töten	34
cōnsistere, cōnsistō, cōnstitī, –	1. sich aufstellen 2. stehenbleiben	31
resistere, -sistō, -stitī –	1. stehen bleiben 2. Widerstand leisten	5
currere, currō, cucurrī, cursum	laufen; eilen	2
occurrere, -currō, -currī, -cursum	entgegenlaufen	43
(dare, dō, dedī, datum)	geben	4
abdere, -dō, -didī, -ditum	verbergen	30
condere, -dō, -didī, -ditum	1. gründen; erbauen 2. verwahren; verstecken	20
crēdere, -dō, -didī, -ditum	1. glauben 2. anvertrauen	14
(sē) dēdere, -dō, -didī, -ditum *(+ Dat.)*	sich *jdm.* ausliefern; sich *einer Sache* widmen	18
ēdere, -dō, -didī, -ditum	herausgeben; bekanntmachen	41
perdere, -dō, -didī, -ditum	zugrunde richten	38
reddere, reddō, reddidī, redditum	1. zurückgeben 2. zu *etw.* machen	17
trādere, -dō, -didī, -ditum	1. übergeben 2. überliefern	11
vēndere, -dō, -didī, -ditum	verkaufen	3
discere, discō, didicī	lernen; erfahren	18
fallere, fallō, fefellī, –	täuschen	39
parcere, parcō, pepercī *(+ Dat.)*	1. *etw./jdn.* schonen; auf *jdn.* Rücksicht nehmen 2. sparen	21
pellere, pellō, pepulī, pulsum	1. stoßen; schlagen 2. vertreiben	24
repellere, -pellō, reppulī, -pulsum	vertreiben; zurückschlagen	14
poscere, poscō, poposcī, –	fordern	19
tangere, tangō, tetigī, tāctum	berühren	22
contingere, -tingō, -tigī, -tāctum	1. berühren 2. gelingen 3. zuteil werden	22
tendere, tendō, tetendī, tentum	1. spannen; ausstrecken 2. streben	26
contendere, -tendō, -tendī, -tentum	»sich anstrengen«: 1. kämpfen 2. eilen 3. behaupten	14
ostendere, ostendō, ostendī, ostentum	zeigen	30

konsonantische Konjugation (mit Dehnungsperfekt)

agere, agō, ēgī, āctum	»treiben«: 1. tun; handeln 2. verhandeln	11
cōgere, cōgō, coēgī, coāctum	1. versammeln 2. zwingen	42
cōnsīdere, -sīdō, -sēdī, -sessum	sich setzen; sich niederlassen	22
emere, emō, ēmī, ēmptum	kaufen	3
frangere, frangō, frēgī, frāctum	zerbrechen (*transitiv, also:* etwas kaputt machen)	35
fundere, fundō, fūdī, fūsum	1. (ver)gießen 2. zerstreuen; in die Flucht schlagen	7
legere, legō, lēgī, lēctum	1. sammeln; auswählen 2. lesen	15
relinquere, relinquō, relīquī, relictum	1. verlassen 2. unbeachtet lassen	2
rumpere, rumpō, rūpī, ruptum	(zer-)brechen	13

vincere, vincō, vīcī, victum	(be)siegen	7
volvere, volvō, volvī, volūtum	wälzen; rollen	39

konsonantische Konjugation (mit Perfekt ohne Stammveränderung)

dēfendere, -fendō, -fendī, -fēnsum	verteidigen; abwehren	24
offendere, -fendō, -fendī, -fēnsum	anstoßen; verletzen; beleidigen	33
dēscendere, dēscendō, dēscendī, dēscēnsum	herabsteigen	20
incendere, incendō, incendī, incēnsum	in Brand stecken	29
accendere, -cendō, -cēnsī, -cēnsum	anzünden	43
metuere, metuō, metuī, –	(sich) fürchten	16
comprehendere, comprehendō, comprehendī, comprehēnsum	1. ergreifen; festnehmen 2. begreifen	8
reprehendere, -prehendō, -prehendī, -prehēnsum	tadeln	8
ruere, ruō, ruī, –	1. eilen; stürmen 2. einstürzen; herabstürzen	26
solvere, solvō, solvī, solūtum	1. lösen 2. bezahlen	19
tribuere, tribuō, tribuī, tribūtum	zuteilen	13
vertere, vertō, vertī, versum	drehen; wenden	2
ēvertere, -vertō, -vertī, -versum	1. umkehren; umstürzen 2. zerstören; vernichten	32

kurzvokalische Konjugation (keine Perfektbildung)

furere	umherwüten; verrückt sein	39

kurzvokalische Konjugation (mit v-Perfekt)

cupere, cupiō, cupīvī, cupītum	wünschen; wollen	2
sapere, sapiō, sapīvī (sapiī, sapuī), –	1. Geschmack haben 2. Verstand haben	22

kurzvokalische Konjugation (mit u-Perfekt)

rapere, rapiō, rapuī, raptum	rauben; (weg)reißen	12
arripere, -ripiō, -ripuī, -reptum	an sich reißen; ergreifen; packen	34
ēripere, -ripiō, -ripuī, -reptum	entreißen	14

kurzvokalische Konjugation (mit s-Perfekt)

aspicere, aspiciō, aspexī, aspectum	erblicken	22
īnspicere, -spiciō, -spexī, -spectum	besichtigen; hineinschauen	35
respicere, -spiciō, -spexī, -spectum	zurückschauen	45
parere, pariō, peperī, partum	1. gebären 2. hervorbringen; erwerben	11

kurzvokalische Konjugation (mit Dehnungsperfekt)

capere, capiō, cēpī, captum	»packen«: 1. erobern 2. nehmen 3. erhalten	8
accipere, -cipiō, -cēpī, -ceptum	1. annehmen; bekommen 2. erfahren	4
excipere, -cipiō, -cēpī, -ceptum	1. aufnehmen 2. eine Ausnahme machen	31
incipere, -cipiō, coepī, coeptum	anfangen	5
praecipere, -cipiō, -cēpī, -ceptum	vorschreiben; belehren	29
recipere, -cipiō, -cēpī, -ceptum	zurücknehmen; empfangen	14
suscipere, -cipiō, -cēpī, -ceptum	übernehmen; auf sich nehmen	32
facere, faciō, fēcī, factum	tun; machen	9
afficere, -ficiō, -fēcī, -fectum *(+ Abl.)*	mit *etw.* versehen; mit *etw.* ausstatten	39
interficere, -ficiō, -fēcī, -fectum	töten	28
perficere, -ficiō, -fēcī, -fectum	„etwas zu Ende tun": fertigstellen; vollenden	40
fugere, fugiō, fūgī	fliehen	17
effugere, -fugiō, -fūgī	entfliehen	19
(iacere, iaciō, iēcī, iactum)	werfen	
conicere, -iciō, -iēcī, -iectum	1. (zusammen)werfen 2. folgern; vermuten	29
ēicere, -iciō, -iēcī, -iectum	hinauswerfen; vertreiben	42
inicere, -iciō, -iēcī, -iectum	hineinwerfen	43
subicere, -iciō, -iēcī, -iectum	unterwerfen; unter *etw.* legen	44

konsonantische Konjugation (Deponentien)

complectī, -plector, -plexus sum	umarmen	41
loquī, loquor, locūtus sum	sprechen; reden	41
sequī, sequor, secūtus sum *(+ Akk.)*	jdm. folgen	41
ūtī, ūtor, ūsus sum *(+ Abl.)*	etw. benutzen; etw. haben	41

konsonantische Konjugation (Deponentien: kurzvokalische Konjugation)

(gradī, gradior, gressus sum)	schreiten, gehen	
ēgredī, -gredior, -gressus sum	hinausgehen	41
ingredī, -gredior, -gressus sum	hineingehen	44
prōgredī, -gredior, -gressus sum	vorrücken; weitergehen	43
morī, morior, mortuus sum	sterben	41
patī, patior, passus sum	(er)leiden; ertragen	41

konsonantische Konjugation (Deponentien: Präsensstämme auf -sc)

nancīscī, nancīscor, na(n)ctus sum	1. erreichen 2. bekommen	44
nāscī, nāscor, nātus sum	geboren werden; entstehen	42

proficīscī, proficīscor, profectus sum	(ab)reisen; aufbrechen	43

konsonantische Konjugation (Semideponentien)

revertī, revertor, revertī, reversum	zurückkehren	42

unregelmäßige Verben (esse)

esse, sum, fuī, –	1. sein 2. *als Vollverb:* existieren; vorhanden sein (»es gibt«)	1
abesse, absum, āfūi	weg sein	41
adesse, -sum, affuī, –	1. da sein 2. helfen	1
interesse, -sum, -fuī, –	1. dazwischenliegen 2. dabei sein; teilnehmen 3. *(+ Gen.)* es ist für *jdn.* wichtig 4. es besteht ein Unterschied zwischen	33
posse, possum, potuī, –	können; Einfluss haben	8
praeesse, -sum, -fuī, – *(+ Dat.)*	an der Spitze stehen; *jdn.* kommandieren; *etw.* verwalten	24
superesse, -sum, -fuī	übrig sein	41

unregelmäßige Verben (ferre)

ferre, ferō, tulī, lātum	1. tragen 2. ertragen 3. berichten (*im Passiv:* man erzählt)	29
differre, -ferō, distulī, dīlātum	1. auseinandertragen 2. aufschieben *(zeitl.)* 3. (sich) unterscheiden	31
prōferre, -ferō, -tulī, -lātum	1. vorwärtstragen 2. erweitern	30
referre, -ferō, rettulī, relātum	1. zurückbringen; hinbringen 2. berichten	33
tollere, tollō, sustulī, sublātum	1. aufheben: hochheben; 2. aufheben: beseitigen	18

unregelmäßige Verben (velle)

velle, volō, voluī, –	wollen	15
nōlle, nōlō, nōluī, –	nicht wollen	15
(mālle, mālō, māluī, -)	lieber wollen	

unregelmäßige Verben (ire)

īre, eō, iī, itum	gehen	11
abīre, -eō, -iī, -itum	weggehen	11
adīre, -eō, -iī, -itum	[»jmd. an-gehen«]: 1. zu … gehen; 2. angreifen	11
exīre, -eō, -iī, -itum	hinausgehen	16
interīre, -eō, -iī, -itum	untergehen; umkommen	34
obīre, -eō, -iī, -itum	1. entgegengehen 2. übernehmen	38
perīre, -eō, -iī, -itum	zugrunde gehen	25
redīre, -eō, -iī, -itum	zurückgehen	17

trānsīre, -eō, -iī, -itum	hinübergehen; überqueren	14

Sonderformen

ait	er sagt(e)	27
inquit	er sagt(e)	8
meminisse, meminī *(+ Gen./Akk.)*	sich erinnern *an (im Dt. Präsens, im Lat. Perfektformen!)*	24

Alphabetisches Verzeichnis der Orte und Eigennamen

Aeneas: Sohn der Göttin Venus und des sterblichen Vaters Anchises; er floh mit wenigen Überlebenden aus dem brennenden Troja und begründete in Latium in Italien ein neues Volk. Er gilt als Stammvater der Römer.

Agrippina: geboren 15 n. Chr. in Oppidum Ubiorum; Schutzpatronin dieser Stadt, die in Colonia Claudia Ara Agrippinensium umbenannt wurde (= Köln); zweite Gattin des → Claudius und Mutter des Kaisers → Nero, der sie im Jahr 59 n. Chr. ermorden ließ.

Aietes (lat. Aeetes): in der griechischen Mythologie König in → Kolchis. Seine Tochter → Medea half → Iason, das Goldene Vlies zu bekommen.

Aison: in der Mythologie Vater von → Iason und König der griechischen Stadt → Iolkos; wurde von seinem Halbbruder → Pelias vom Thron vertrieben.

Akademos: attischer Heros, in dessen heiligem Hain vor den Toren Athens → Platon seine berühmte Akademie gründete.

Ameria: Stadt in Italien, ca. 80 km von Rom entfernt.

Anicetus: Pädagoge und Freigelassener → Neros, der dann Präfekt der Flotte in Misenum wurde. Er half Nero, die Anschläge auf seine Mutter → Agrippina und seine Frau Octavia zu planen.

Anubis: ägyptischer Gott der Totenriten, häufig dargestellt als schwarzer Hund, als Schakal oder als Mensch mit einem Hunde- bzw. Schakalskopf.

Apsyrtos: Sohn des Königs → Aietes und Bruder der → Medea.

Argo: in der griechischen Mythologie ein sehr schnelles Schiff, das Argos mit Athenes Hilfe baute. → Iason brach mit 50 Helden, den sog. Argonauten (darunter → Herkules und → Theseus), nach → Kolchis auf, um das Goldene Vlies zu holen.

Ariadne: Tochter des Minos, des Königs von Kreta; sie half → Theseus mit einem Wollknäuel, den Weg aus dem Labyrinth heraus zu finden. Gemeinsam flohen sie von Kreta, doch Theseus ließ sie auf der Insel Naxos sitzen.

Aristoteles: 384–322 v. Chr.; griechischer Philosoph, Begründer der Schule des Peripatos, Erzieher Alexanders des Großen.

Arkadien: Gebirgslandschaft in Griechenland.

Athen: wichtigste Stadt in Griechenland.

Augustus: *Augustus* (der Erhabene) ist ein Ehrentitel; er wurde 63 v. Chr. als Gaius Octavius geboren und starb 14 n. Chr.; als Adoptivsohn und Testamentsvollstrecker → Caesars brachte er den Römern nach 100 Jahren Bürgerkrieg den lang ersehnten Frieden *(Pax Augusta)*. Man übertrug ihm die Regierungsverantwortung über das ganze Römische Reich.

Burrus: Prätorianerpräfekt; führte in den ersten Jahren der Regierungszeit → Neros gemeinsam mit → Seneca die Regierungsgeschäfte. Nach der Ermordung → Agrippinas im Jahr 59 n. Chr. schwand sein politischer Einfluss auf Nero ebenso wie der Senecas.

Caesar: Gaius Iulius Caesar, röm. Feldherr und Politiker, geb. 100 v. Chr., ermordet am 15. März 44 v. Chr.; in den Jahren 58 bis 51 eroberte er Gallien; die Erinnerungen an diesen gallischen Krieg kann man in seinem berühmten Werk *Commentarii de bello Gallico* nachlesen.

Caligula (Stiefelchen): Gaius Caesar Augustus Germanicus war röm. Kaiser von 37–41 n. Chr.

Capito: Titus Roscius Capito; angesehener Verwandter von Sextus → Roscius Amerinus, der vermutlich von → Chrysogonus bestochen wurde, um die Rückgabe der konfiszierten Güter zu verhindern; er erhielt drei Landgüter aus dessen früherem Besitz.

Chiron: Kentaur, der → Iason aufgezogen hat.

Christus: Jesus von Nazareth (geb. zwischen 7 und 4 v. Chr., gest. ca. 30 n. Chr.); jüdischer Schriftgelehrter, der in Konflikt mit der jüdischen Geistlichkeit und der römischen Staatsmacht geriet und deshalb durch Pontius Pilatus zum Tod am Kreuz verurteilt wurde. Von den Christen wird er als Sohn Gottes verehrt.

Chrysogonus: Freigelassener und Günstling → Sullas. Er wollte sich die politischen Verhältnisse unter Sulla zunutze machen, um sich an Sextus → Roscius Amerinus zu bereichern. Dessen Namen ließ er nachträglich auf die Proskriptionsliste setzen und kaufte seine Güter zu einem Spottpreis.

Chrysomallus: fliegender Widder, auf dem → Phrixos und → Helle flohen.

Cicero: Marcus Tullius Cicero, römischer Redner, Philosoph und Schriftsteller, geb. 106 v. Chr., Konsul des Jahres 63 v. Chr.; 43 v. Chr. ermordet. Im Jahr 80 v. Chr. übernahm er die Verteidigung des Sextus → Roscius Amerinus, der des Vatermordes angeklagt war. Damit bewies Cicero in politisch sehr unruhigen Zeiten großen Mut, da die Gefahr bestand, als Gegner → Sullas wahrgenommen und selbst verfolgt zu werden.

Claudius: Tiberius Claudius Caesar Augustus Germanicus war röm. Kaiser von 41–54 n. Chr. Er starb durch einen Giftanschlag, der von → Agrippina initiiert worden war.

Dido: Königin von Karthago. Sie nahm die schiffbrüchigen Trojaner gastfreundlich auf und verliebte sich in deren Anführer → Aeneas. Aeneas, von den Göttern zur Weiterfahrt nach Italien aufgefordert, verließ Dido, die ihn deswegen verfluchte und sich anschließend das Leben nahm.

Epikur: ca. 341–280 v. Chr.; Begründer der epikureischen Philosophie.

Erucius: römischer Anwalt und Ankläger, der uns aus → Ciceros Verteidigungsrede für → Sextus Roscius aus → Ameria bekannt ist.

Germania: Magna Germania, das Gebiet östlich des Rheins; nach der Varusschlacht zogen sich die Römer auch aus den bereits eroberten Gebieten zurück.

Glauke: zweite Frau Iasons, die Medea aus Eifersucht tötet.

Graecia: Griechenland; für Bildungsreisende in röm. Zeit ein absolutes Muss wegen seiner bedeutenden Architektur und Kunst und wegen seiner herausragenden Philosophen und Redner.

Hekate: in der griech. Mythologie die Göttin der Magie, auch zuständig für Nekromantie und Gespensterspuk.

Helle und Phrixos: Zwillingsgeschwister in der griechischen Mythologie. Als ihre Stiefmutter die beiden töten lassen wollte, flohen sie auf einem fliegenden Widder namens → Chrysomallus. Helle stürzte auf der Flucht ins Meer, das daraufhin den Namen → Hellespont erhielt.

Hellespont: Dardanellen; Meerenge in der heutigen Türkei, benannt nach → Helle, die dort ins Meer fiel.

Herkules: Sohn des Iuppiter und der Alkmene; weil er in einem Anfall von Jähzorn seine Gattin Megara und seine Kinder tötete, wurde er vom delphischen Orakel verurteilt, sich zwölf Jahre in den Dienst seines Halbbruders Eurystheus zu stellen.

Iacobus: Beiname »der Gerechte«, ältester der vier Brüder Jesu; nach dessen Kreuzigung eine der zentralen Führungspersönlichkeiten der frühen Christen; er wurde 62 n. Chr. gesteinigt.

Iason: der Sage nach Sohn des → Aison, eines Königs von → Iolkos. Er wurde von → Pelias losgeschickt, um das Goldene Vlies zu holen. Mit 50 Gefährten segelte er auf dem Schiff → Argo nach → Kolchis. Doch der König von Kolchis, → Aietes, wollte ihm das Vlies nur geben, wenn er eine schwierige Aufgabe erfüllte: Er sollte feuerspeiende Stiere anspannen und Drachenzähne auf einem Feld aussäen. Aus diesen wuchsen Krieger, die ihn angriffen. Doch dank → Medeas Hilfe überlebte Iason. Da Aietes sich trotzdem weigerte, ihm das Vlies zu geben, half ihm Medea, es zu stehlen. Sie schläferte den Drachen ein, der das Vlies bewachte.

Iolkos: antike Stadt im griechischen → Thessalien; Heimat von → Iason.

Iuppiter (griech. Zeus): Göttervater und Herrscher des Olymp; seine Attribute sind Adler, Zepter und Blitzbündel. Auf dem Kapitol befand sich der wichtigste Tempel Roms, der Tempel des Iuppiter Capitolinus.

Kentaur: Wesen aus der Mythologie, das halb Mensch, halb Pferd ist.

Kleanthes: ca. 331–232 v. Chr.; griech. Philosoph der Stoa und Verfasser eines berühmten Hymnus auf → Zeus; Nachfolger des → Zenon.

Kolchis: Königreich an der Ostküste des schwarzen Meeres; in der Argonautensage Heimat der → Medea und → Iasons Ziel auf der Suche nach dem Goldenen Vlies.

Korinth: griech. Stadt ca. 80 km westlich von Athen, an der Meerenge gelegen, die die Peloponnes mit dem griech. Festland verbindet.

Magnus: Titus Roscius Magnus; Verwandter des Sextus → Roscius Amerinus mit schlechtem Ruf; angeblich hat er auf Wunsch des → Chrysogonus den Mord in Auftrag gegeben und verwaltete dann die ersteigerten Güter.

Marina: nach einer Legende aus dem 5. Jahrhundert lebte sie in Bithynien und wurde als Junge verkleidet unter dem Namen Marinus in ein syrisches Kloster aufgenommen.

Medea: in der griech. Mythologie die zauberkundige Tochter des Königs → Aietes. Aus Liebe verließ sie ihre Heimat und half → Iason, das Goldene Vlies zu stehlen. Doch dann ließ er sie sitzen und heiratete → Glauke, die Tochter des Königs von Korinth. Aus Rache ermordete Medea nicht nur Glauke, sondern auch ihre eigenen, von Iason gezeugten Kinder.

Metella: Caecilia Metella war Vestalin und Priesterin der Juno. Sie verhalf Sextus → Roscius Amerinus zu einem fairen Prozess gegen → Chrysogonus.

Nero: Nero Claudius Caesar Augustus Germanicus Lucius Domitius Ahenobarbus, geb. 37 n. Chr., gest. 68 n. Chr.; er hielt sich für einen großen Künstler und war römischer Kaiser von 54 bis 68 n. Chr. Die ersten Jahre seiner Regierung begannen positiv, da er von → Seneca und → Burrus beraten wurde. Doch der Einfluss seiner Berater schwand. Als man ihn 64 für den Brand Roms verantwortlich machte, schob er die Schuld den Christen in die Schuhe und ließ sie auf grausamste Weise töten (erste Christenverfolgung). Auch die Ermordung seiner Mutter → Agrippina und der Tod Senecas geschahen auf seinen Befehl.

Nikeros: Romanfigur im Satyricon des → Petron.

Ovid: Publius Ovidius Naso, geb. 43 v. Chr., gest. ca. 17 n. Chr.; er war einer der bedeutendsten Dichter der augusteischen Zeit. Zu seinen bekanntesten Werken zählen die *Metamorphosen,* in denen er Verwandlungsgeschichten aus der griechischen Mythologie erzählt. Im Jahre 8 n. Chr. fiel er bei → Augustus in Ungnade und wurde ans Schwarze Meer verbannt.

Paulus: Paulus von Tarsus, hebräisch Saul, von Beruf Zeltmacher; nach seiner Bekehrung der für die Ausbreitung des Christentums wichtigste Apostel und Verfasser zahlreicher Briefe. Während der Christenverfolgung unter → Nero ist er vermutlich zu Tode gekommen. 2006 wurde in Sankt Paul vor den Mauern ein Grab freigelegt, das von Katholiken als Grab des Apostels verehrt wird.

Pelias: in der Mythologie Halbbruder von → Iasons Vater → Aison; vertrieb diesen vom Thron, um selbst über → Iolkos zu herrschen; in der Hoffnung, dass Iason nie wieder zurückkommen würde, schickte er ihn los, um das Goldene Vlies zu besorgen.

Petron: Titus Petronius Arbiter (ca. 14–66 n. Chr.), Autor des Romans Satyricon, war »Schiedsrichter des feinen Geschmacks« am Hofe → Neros.

Phrixos und Helle: Zwillingsgeschwister in der griechischen Mythologie; als ihre Stiefmutter die beiden töten lassen wollte, flohen sie auf einem fliegenden Widder namens → Chrysomallus. Helle stürzte auf der Flucht ins Meer (→ Hellespont), während Phrixos nach → Kolchis gelangte. Dort opferte er den Widder dem Gott Zeus und hängte sein Fell, das Golde Vlies, in einem heiligen Hain auf.

Platon: geb. 427 v. Chr. in Athen, dort auch 347 v. Chr. gest.; Schüler des Sokrates und Vertreter der Ideenlehre; Gründer der Philosophenschule im Hain des → Akademos.

Roscius: Sextus Roscius Amerinus wurde im Jahr 81 v. Chr. wegen Vatermordes angeklagt. → Cicero hat ihn erfolgreich verteidigt und als eigentliche Nutznießer des Verbrechens die beiden Verwandten des Roscius, → Capito und → Magnus, sowie einen Günstling → Sullas namens → Chrysogonus überführt.

Seneca: Lucius Annaeus Seneca, geb. etwa 1 v. Chr., gest. 65 n. Chr.; Redner, Philosoph, Schriftsteller und Tragödiendichter. Seit 49 n. Chr. war er Lehrer des Kaisers → Nero, dem er während seiner ersten Regierungsjahre als Berater zur Seite stand. Im Jahr 65 wurde er aufgrund des Verdachts einer Verschwörung gegen Nero zum Selbstmord gezwungen.

Sulla: Lucius Cornelius Sulla Felix (ca. 138–78 v. Chr.) gehörte zur konservativen Partei der Optimaten und ließ sich 82 v. Chr. zum *dictator* ernennen. Er führte ein Schreckensregiment und ließ auf sog. Proskriptionslisten zahlreiche Gegner veröffentlichen und für vogelfrei erklären.

Tacitus: Publius Cornelius Tacitus, ca. 55–115 n. Chr.; römischer Historiker und Politiker; enger Freund von Plinius d. J. Er verfasste neben kleineren Schriften zwei große historische Werke.

Theseus: Sohn des Aigeus aus Athen; er besiegte mit der Hilfe Ariadnes und des Daedalus den Minotaurus.

Thessalien: Landschaft in Griechenland.

Thurkillus: Bauer in der Nähe von London; angeblich wurde er im Jahr 1206 von Iulianus hospitator auf eine Reise ins Jenseits abgeholt.

Trimalchio: Romanfigur im Satyricon des → Petron; Gastgeber der »cena Trimalchionis«.

Zenon von Kition: ca. 333–264 v. Chr.; Begründer der Philosophenschule der Stoa.

Zeus:→ Iuppiter.

Alphabetisches Verzeichnis des Lernwortschatzes

ā, ab *(+ Abl.)* 5	von; von *etw.* her
abdere, -dō, -didī, -ditum 30	verbergen
ab-dūcere, dūcō, dūxī 22	wegführen; entführen
abesse, absum, āfuī 41	weg sein
abīre, abeō 11	weggehen
abscēdere, -cēdō, -cessī, -cessum 34	weggehen
absēns (*Gen.* absentis) 34	abwesend
absūmere, -sūmō, -sūmpsī, -sūmptum 33	1. verbrauchen 2. vernichten
accēdere, -cēdō, -cessī, -cessum 37	hingehen
accendere, -cendō, -cēnsī, -cēnsum 43	anzünden
accidere, -cidō, -cidī 23	sich ereignen; geschehen
accidit, ut *(+ Konj.)* 23	es ereignet sich, dass
accipere, accipiō, accēpī, acceptum 4, 14, 29	1. annehmen; bekommen 2. erfahren
accūsāre *(+ Gen.)* 36	anklagen
accūsātor, ōris *m.* 37	Ankläger
ācer, ācris, ācre 18	scharf; heftig
āctum 26	→ agere
ad *(+ Akk.)* 4	zu; nach; bei; an
addūcere, -dūcō, -dūxī, -ductum 38	1. heranführen 2. veranlassen
timōre adductus 38	aus Furcht
adeō *(Adv.)* 40	so sehr
adesse, adsum, affuī, – 1, 13	1. da sein 2. helfen
adhibēre 29	anwenden; hinzuziehen
adhūc *(Adv.)* 26	noch
adīre, -eō, -iī, -itum 11, 13, 31	[»*jmdn.* an-gehen«]: 1. zu … gehen 2. angreifen
adiuvāre, adiuvō, adiūvī, adiūtum 27	unterstützen; helfen
administrāre 37	verwalten
adulēscēns, ntis *m.* 33	junger Mann; Jüngling
advenīre, -veniō, -vēnī, -ventum 33	ankommen; herbeikommen
adventus, ūs *m.* 33	Ankunft
adversārius, ī 5	Gegner
adversus, a, um 37	1. zugewandt 2. feindlich 3. ungünstig
aedēs, is *f.* (*Gen. Pl.* aedium) 33	Tempel; *im Plural:* Wohnhaus
aedificāre 12	bauen
aequor, aequoris *n.* 40	Meer
aequus, a, um 36	gleich; gerecht
āēr, āēris *m.* 43	Luft
aes aliēnum, aeris aliēnī 34	Schulden *(Pl.)*
aes, aeris *n.* 34	Bronze; Erz; Geld

aestimāre 40	(ein)schätzen; meinen
magnī aestimāre 40	hoch schätzen
parvī aestimāre 40	gering schätzen
aetās, tātis *f.* 36	Alter: 1. Zeitalter 2. Lebensalter
afficere, -ficiō, -fēcī, -fectum *(+ Abl.)* 39	mit *etw.* versehen; mit *etw.* ausstatten
affuī 13	→ adesse
agere, agō, ēgī, āctum 11, 13, 26	»treiben«: 1. tun; handeln 2. verhandeln
grātiās agere 13	danken
agmen, agminis *n.* 21	Heereszug; Schar
ait 27	er, sie, es sagt(e)
aliēnus, a, um 44	fremd
aliquandō *(Adv.)* 17	irgendwann
aliquis (*Gen.:* alicuius) 36	irgendjemand
aliquot *(indekl.)* 19	einige
alius, alia, aliud 10	ein anderer
alter, altera, alterum (*Gen.* alterīus) 23	der andere; der zweite
altus, a, um 11	1. tief 2. hoch
amāre 9	lieben; mögen
ambō, ambae, ambō 43	beide
amīcitia, ae 41	Freundschaft
amīcus, ī 12	Freund
āmittere, -mittō, -mīsī, -missum 5, 16, 29	verlieren
amor, amōris *m.* 15	Liebe
amplus, a, um 15	1. weit 2. groß; bedeutend
an 44	1. ob 2. oder
ancilla, ae 3	Sklavin
angustus, a, um 28	eng
anima, ae 20	1. Atem 2. Seele 3. Leben
animal, ālis *n.* (*Gen. Pl.* animalium) 31	Lebewesen; Tier
animus, ī 17	[»das tätige Innenleben«] Geist; Sinn; Gesinnung; Herz; Mut
annus, ī 7	Jahr
ante 25	1. *(+ Akk.):* vor 2. *Adv.:* vorher
anteā *(Adv.)* 13	vorher; früher
antīquus, a, um 12	alt
aperīre, aperiō, aperuī, apertum 25	öffnen; aufdecken
apertus, a, um 25	offen; offenkundig
appārēre 25	erscheinen; sich zeigen
appellāre 20	nennen
appetere, -petō, -petīvī, petītum 27	*verstärktes* petere:

apportāre 2	herbeitragen; (über)bringen
appropinquāre 28	sich nähern
apud *(+ Akk.)* 18	bei
aqua, ae 7	Wasser
āra, ae 4	Altar
arbor, arboris *f.* 27	Baum
ārdēre, ārdeō, ārsī, – 7, 13	brennen; glühen
argenteus, a, um 43	silbern; aus Silber
argentum, ī 21	Silber
arma, ōrum *n. Pl.* 5	Waffen *(Pl.)*
armātus, a, um 31	bewaffnet
arripere, -ripiō, -ripuī, -reptum 34	an sich reißen; ergreifen; packen
ars, artis *f.* *(Gen. Pl.* artium) 38	1. Geschicklichkeit 2. Kunst
ārsī 7	→ ārdēre
arx, arcis *f.* 28	Burg
asinus, ī 8	Esel
asper, aspera, asperum 24	rau; streng
aspicere, aspiciō, aspexī 22	erblicken
at 28	aber
atque 7	und
attinēre, -tineō, -tinuī, -tentum 35	1. festhalten 2. sich erstrecken 3. *jdn.* betreffen, angehen
auctor, ōris *m.* 31	1. Urheber; Veranlasser 2. Stammvater
auctōritās, tātis *f.* 36	1. Ansehen 2. Einfluss; Macht
auctum 33	→ augēre
audācia, ae 38	Kühnheit: 1. Frechheit 2. Mut
audāx *(Gen.* audācis) 24	kühn: 1. frech 2. beherzt
audēre, audeō 22	wagen
audīre 3	hören
auferre, auferō, abstulī, ablātum 38	wegbringen; rauben
augēre, augeō, auxī, auctum 13, 33	vergrößern
aureus, a, um 38	golden
auris, is *f.* *(Gen. Pl.* aurium) 29	Ohr
aurum, ī 21	Gold
aut 16	oder
autem 5	aber
auxī 13	→ augēre
auxilium, ī 7	Hilfe
avārus, a, um 34	habsüchtig; gierig
avis, is *f.* *(Gen. Pl.* avium) 29	Vogel
avus, ī	Großvater
barbarus, a, um 17	1. ausländisch 2. unzivilisiert
beātus, a, um 43	glücklich
bellum, ī 12	Krieg
bene *(Adv.)* 17	gut
beneficium, ī 13	Wohltat
bēstia, ae 2	Tier; Raubtier

bibere, bibō, bibī 23	trinken
bona, ōrum *n. Pl.* 7	Hab und Gut; Besitz
bonum, ī 7	das Gute
bonus, a, um 3	gut
bōs, bovis *m./f.* *(Abl. Pl.* bōbus) 42	Ochse; Kuh; Rind
brevis, e 33	kurz
cadere, cadō, cecidī 43	fallen
caedere, caedō, cecīdī, caesum 31	fällen; niederhauen; töten
caedēs, is *f.* *(Gen. Pl.* caedium) 36	Mord; Blutbad
caelum, ī 44	Himmel
calamitās, tātis *f.* 13	Unglück; Schaden
callidus, a, um 33	schlau; geschickt
campus, ī 4	Feld; freier Platz
cantāre 4	singen
caper, caprī 1	Ziegenbock
capere, capiō, cēpī, captum 8, 17, 25	»packen«: 1. erobern 2. nehmen 3. erhalten
captīvus, ī 19	Gefangener
caput, capitis *n.* 32	1. Kopf 2. Hauptstadt
carmen, carminis *n.* 4	Lied; Gedicht; Gebet
carpere, carpō, carpsī 22	pflücken; abreißen
carrus, ī 2	Karren
cārus, a, um 10	1. teuer; wertvoll 2. lieb
castra, ōrum *n. Pl.* 31	Lager (Sg.)
castra movēre 31	aufbrechen
castra pōnere 31	ein Lager aufschlagen
cāsū 24	zufälligerweise
cāsus, ūs *m.* 24	Fall; Zufall; Ereignis
causa, ae 20	»Motiv; Beweg-grund«: 1. Grund; Ursache 2. (juristisch:) Fall; Prozess 3. (allg.:) Sache
causā + *vorangestellter Gen.* 38	wegen
causā *(nach nd-Form im Gen.)* 38	um *etw.* zu *tun*
cavēre *(+ Akk.)* 19	sich *vor etw.* hüten
cecidī 43	→ cadere
cecīdī 31	→ caedere
cēdere, cēdō, cessī, cessum 26	gehen; weichen; nachgeben
celer, celeris, celere 26	schnell
cēna, ae 40	(Abend)Essen
cēnsēre 9	1. meinen 2. beschließen
cēpī 17	→ capere
cernere, cernō, crēvī, crētum 21, 31	wahrnehmen; sehen; bemerken
certāre 27	streiten; (wett-)kämpfen
certē *(Adv.)* 3	sicherlich
certus, a, um 44	sicher
cēterī, ae, a 27	die anderen; die übrigen *(adj.)*; die Übrigen *(subst.)*
cibus, ī 2	Nahrung; Speise; Futter
cinis, cineris *m.* 25	Asche

circum *(+ Akk.)* 44	um … herum
circumdare, -dō, -dedī 20	umgeben
cīvis, is *m.* 17	Bürger
cīvitās, tātis *f.* 36	1. Bürgerschaft 2. Stadt; Staat
clādēs, is *f.* 14	1. Niederlage 2. Katastrophe
clam *(Adv.)* 23	heimlich
clāmāre 2	rufen; schreien
clāmor, ōris *m.* 7	Geschrei
clārus, a, um 6	1. hell; strahlend 2. berühmt
claudere, claudō, clausī, clausum 25	(ab-/ein-)schließen
coāctum 42	→ cōgere
coēgī 42	→ cōgere
coepī	→ incipere
cōgere, cōgō, coēgī, coāctum 42	zusammentreiben: 1. versammeln 2. zwingen
cōgitāre 39	denken
cognōscere, cognōscō, cognōvī, cognitum 20, 26	kennenlernen; erkennen
colere, colō, coluī, cultum 16, 31	»sich intensiv beschäftigen mit«: 1. bewirtschaften 2. pflegen 3. verehren
collum, ī 45	Hals
comes, comitis *m.* 45	Begleiter
committere, -mittō, -mīsī, -missum 32	1. veranstalten 2. überlassen; anvertrauen
scelus committere 32	ein Verbrechen begehen
commovēre, -moveō, -mōvī, -mōtum 28	(innerlich) bewegen; veranlassen
comparāre 27	1. beschaffen 2. vergleichen
comperīre, comperiō, comperī 14	erfahren
complectī, -plector, -plexus sum 41	umarmen
complēre, -pleō, -plēvī 13	anfüllen
complūrēs, ium 25	mehrere; einige
compōnere, -pōnō, -posuī, -positum 40	zusammenstellen →: 1. sich ausdenken; abfassen 2. ordnen 3. vergleichen
comprehendere, -prehendō, -prehendī 8, 17	1. ergreifen; festnehmen 2. begreifen
cōnārī, cōnor, cōnātus sum 44	versuchen
conclūdere, -clūdō, -clūsī, -clūsum 34	1. schließen 2. folgern
condere, condō, condidī, conditum 20, 42	1. gründen; erbauen 2. verwahren; verstecken
cōnfitērī, cōnfiteor, cōnfessus sum 45	bekennen; gestehen
conicere, -icio, -iēcī, -iectum 29	1. (zusammen)werfen 2. folgern; vermuten
coniūnx, coniugis *m./f.* 16	Ehemann/Ehefrau
cōnservāre 41	retten; bewahren
cōnsīdere, -sido, -sēdī 22	sich setzen; sich niederlassen
cōnsilium, ī 40	Versammlung; Rat: 1. Beratung 2. Plan 3. Beschluss; Rat
cōnsistere in *(+ Abl.)* 31	bestehen aus
cōnsistere, -sistō, -stitī, – 31	1. sich aufstellen 2. stehenbleiben
cōnstat *(+ AcI)* 9	es steht fest, dass
cōnstituere, -stituō, -stituī, -stitūtum 30	wie *statuere* (vgl. Lektion 26): 1. aufstellen 2. festsetzen; beschließen
cōnsuēscere, cōnsuēscō, cōnsuēvī, cōnsuētum 42	sich gewöhnen; *Perf.*: gewohnt sein
cōnsuetūdō, tūdinis *f.* 31	Gewohnheit
cōnsul, is *m.* 17	Konsul
cōnsūmere, -sūmō, -sūmpsī, -sūmptum 33	verbrauchen; verwenden
contendere, -tendō, -tendī, -tentum 14, 26	»sich anstrengen«: 1. kämpfen 2. eilen 3. behaupten
contentus, a, um 37	zufrieden
contingere, -tingō, -tigī, -tāctum 22, 44	1. berühren 2. gelingen 3. zuteil werden
contrā *(+ Akk.)* 12	gegen
convenīre, -veniō, -vēnī 15	»zusammenkommen«: 1. *jmdn.* treffen 2. sich einigen
convīvium, ī 31	Gastmahl; Fest
cōpia, ae 14	1. Menge; Vorrat 2. Möglichkeit; *Pl.*: Truppen
cor, cordis *n.* 16	Herz
corpus, corporis *n.* 5	Körper
crās *(Adv.)* 16	morgen
creāre 23	erschaffen; wählen
crēber, crēbra, crēbrum 32	zahlreich; häufig
crēdere, crēdō, crēdidī, crēditum 14, 36	1. glauben 2. anvertrauen
crēscere, crēscō, crēvī, crētum 31	wachsen
crīmen, minis *n.* 36	1. Beschuldigung 2. Schuld 3. Verbrechen
crūdēlis, e 32	grausam
crūdēlitās, tātis *f.* 32	Grausamkeit
culpa, ae 21	Schuld
cultum 16	→ colere
cum *(+ Abl.)* 5	mit
cum *(+ Ind.)* 15	als; immer, wenn
cum *(+ Konj.)* 22	1. *(temporal)*: als; nachdem 2. *(kausal)*: weil 3. *(konzessiv)*: obwohl
cūnctī, ae, a 42	alle
cupere, cupiō, cupīvī 2, 13	wünschen; wollen
cupiditās, tātis *f.* 10	Begierde (nach *etw.*); Leidenschaft
cupidus, a, um *(+ Gen.)* 10	gierig (auf *etw.*)
cūr? 1	warum?
cūra, ae 20	Sorge; Pflege

cūrāre 2	1. behandeln; pflegen 2. sich *um etw.* kümmern; sorgen *(für)*
currere, currō, cucurrī, cursum 2, 23, 28	laufen; eilen
cursus, ūs *m.* 29	Lauf; Kurs
custōdīre 38	bewachen
damnāre 39	verurteilen
dare, dō, dedī, datum 4, 13, 27	geben
dē *(+ Abl.)* 6	von *etw.* herab; von *etw.* weg; über *etw.*
dea, ae 16	Göttin
dēbēre 1	1. müssen 2. schulden 3. verdanken
dēcernere. dēcernō, dēcrēvī, dēcrētum 27	entscheiden; beschließen
decet *(+ Inf./AcI)* 23	es gehört sich *für jdn., etw. zu tun*
dēcidere, -cidō, -cidī, – 25	herabfallen
sē dēdere, dēdō, dēdidī *(+ Dat.)* 18	sich *jmdm.* ausliefern; sich *einer Sache* widmen
dedī 13	→ dare
dēfendere, dēfendō, dēfendī, dēfēnsum 24, 36	verteidigen; abwehren
dēferre, -ferō, -tulī, -lātum 42	1. wegtragen 2. überbringen 3. melden
deinde *(Adv.)* 25	dann; darauf
dēlectāre 6	erfreuen; *jmdm.* Spaß machen
dēlēre, dēleō, dēlēvī, dēlētum 7, 13, 25	zerstören
dēlīberāre 12	überlegen
dēmōnstrāre 11	(deutlich) zeigen; beweisen
dēmum *(Adv.)* 26	endlich
dēnique *(Adv.)* 8	zuletzt; schließlich
dēpōnere, -pōnō, -posuī, -positum 26	1. ablegen 2. aufgeben
dēscendere, -scendō, -scendī, – scēnsum 20, 44	herabsteigen
dēsīderāre 42	vermissen; sich sehnen nach
dēsinere, -sinō, -siī 3, 14	aufhören
dēspērāre 13	verzweifeln
deus, ī 4	Gott
diabolus, ī 43	Teufel
dīcere, dīcō, dīxī, dictum 2, 13, 26	sagen
didicī 18	→ discere
diēs, diēī *m.* 24	Tag
differre, differō, distulī, dīlātum 31	1. auseinandertragen 2. aufschieben *(zeitl.)* 3. (sich) unterscheiden
difficilis, e 27	schwierig
dignus, a, um *(+ Abl.)* 10	*einer Sache* würdig
dīligere, dīligō, dīlēxī 16	schätzen; lieben
dīmittere, -mittō, -mīsī, -missum 43	entsenden; entlassen
discēdere, -cēdō, -cessī, -cessum 45	auseinandergehen; (weg) gehen
discere, discō, didicī 18	lernen; erfahren
discipulus, ī 18	Schüler
diū *(Adv.)* 9	lange *(zeitl.)*
dīves (*Gen.* dīvitis, *Abl.* dīvite) 33	reich
dīvīnus, a, um 43	göttlich
dīvitiae, ārum *Pl.* 33	Reichtum *(Sg.)*
dīxī 13	→ dīcere
docēre, doceō, docuī 20	lehren; unterrichten
doctus, a, um 18	gelehrt; gebildet
dolor, dolōris *m.* 17	Schmerz
dolus, ī 5	List
domī *(Adv.)* 33	zu Hause
domina, ae 1	Herrin
dominus, ī 1	Herr; Hausherr
domō *(Adv.)* 16	von zu Hause
domum *(Adv.)* 15	nach Hause
domus, ūs *f.* (*Abl. Sg.* domō, *Gen. Pl.* domōrum, *Akk. Pl.* domōs) 25	Haus
dōnāre 33	(be)schenken
dōnec 45	(solange) bis
dōnum, ī 2	Geschenk
dōs, dōtis *f.* 15	Mitgift
dubitāre 27	1. zögern 2. (be)zweifeln
dūcere, dūcō, dūxī, ductum 12, 15, 30	1. führen 2. meinen; für *etw.* halten
dulcis, e 18	süß; angenehm
dum *(+ Ind. Präs.)* 18	während
duo, duae, duo 16	zwei
dūrus, a, um 20	hart; beschwerlich
dux, ducis *m.* 31	(Heer-)Führer
dūxī 15	→ dūcere
ē, ex *(+ Abl.)* 5	aus *etw.* heraus; von *etw.* her
ecce! *(indekl.)* 3	sieh/seht da! da ist
ecclēsia, ae 42	Kirche
ēdere, -dō, -didī, -ditum 41	herausgeben; bekanntmachen
ēducāre 33	erziehen
effugere, -fugiō, -fūgī 19	entfliehen
ēgī 13	→ agere
egō 6	ich
ēgredī, -gredior, -gressus sum 41	hinausgehen
ēgregius, a, um 27	hervorragend
ēicere, ēiciō, ēiēcī, ēiectum 42	hinauswerfen; vertreiben
ēlegāns (*Gen.* ēlegantis) 18	geschmackvoll
ēloquentia, ae 18	Beredsamkeit
emere, emō, ēmī, ēmptum 3, 33	kaufen
ēmittere, -mittō, -mīsī, -missum 25	hinausschicken
enim *(nachgestellt)* 23	nämlich; denn

eques, equitis *m.* 10	1. Reiter 2. Ritter
equus, ī 8	Pferd
ergō 10	also
ēripere, -ripiō, -ripuī 14	entreißen
errāre 3	sich irren; umherirren
ēruptiō, tiōnis *f.* 25	Ausbruch
esse, sum, fuī 1, 12	1. sein 2. *als Vollverb:* existieren; vorhanden sein (»es gibt«)
et … et 17	sowohl … als auch
et 1	1. und 2. auch
Et quod nōmen est tibī?	Und wie heißt du?
etiam 1	auch
etiamsī 6	auch wenn
etsī 29	auch wenn, obwohl
ēvenīre, -veniō, -vēnī, -ventum 30	1. herauskommen 2. sich ereignen
bene ēvenīre 30	ein gutes Ende nehmen; gut ausgehen
ēvertere, -vertō, vertī, -versum 32	1. umkehren; umstürzen 2. zerstören; vernichten
ēvītāre 38	vermeiden
ex *(+ Abl.)* 5	aus *etw.* heraus; von *etw.* her
excipere, -cipiō, -cēpī, -ceptum 31	1. aufnehmen 2. eine Ausnahme machen
excitāre 26	antreiben; ermuntern; wecken
exemplum, ī 41	Beispiel; Vorbild
exercitus, ūs *m.* 24	Heer
exilium, ī 39	Verbannung
exīre, -eō, -iī 16	hinausgehen
exīstimāre 28	einschätzen; meinen
experīrī, experior, expertus sum 43	erproben → erfahren
exspectāre 1	(er)warten
exstinguere, -stinguō, -stīnxī, -stīnctum 13, 25	auslöschen; vernichten
fābula, ae 11	Geschichte; Erzählung
facere, faciō, fēcī, factum 9, 13, 30	tun; machen
faciēs, faciēī *f.* 24	1. Gesicht 2. Gestalt
facilis, e 41	leicht
facinus, facinoris *n.* 35	Tat; Untat; Verbrechen
factum 30	→ facere
factus sum 41	→ fierī
facultās, tātis *f.* 36	1. Möglichkeit 2. Fähigkeit 3. Besitz
fallere, fallō, fefellī, – 39	täuschen
falsus, a, um 36	falsch
fāma, ae 13	(guter/schlechter) Ruf; Gerücht
familia, ae 3	Hausgemeinschaft; Familie; Sklavenschar
familiāris, e 34	vertraut; eng befreundet; *als Substantiv:* Freund

fatērī, fateor, fassus sum 42	bekennen; gestehen
fātum, ī 19	Göttерspruch; Schicksal
favēre, faveō, fāvī, fautum *(+ Dat.)* 27	*jdm.* geneigt sein
fēcī 13	→ facere
fēlīx (*Gen.* fēlīcis) 39	glücklich
ferre, ferō, tulī, lātum 29	1. tragen 2. ertragen 3. berichten (*im Passiv:* man erzählt)
ferrum, ī 40	1. Eisen 2. Schwert; Waffe
ferus, a, um 24	wild
fidēlis, e 37	treu
fidēs, eī *f.* 32	1. Vertrauenswürdigkeit; Vertrauen; Treue 2. Glaube
fīdus, a, um 11	treu
fierī, fīō, factus sum 41	1. gemacht werden 2. werden; geschehen
fīlia, ae	Tochter
fīlius, ī	Sohn
fingere, fingō, fīnxī 22	1. gestalten 2. sich *etw.* ausdenken
fīnis, is *m.* 12	1. Grenze (*im Pl. auch* Gebiet); Ende 2. Ziel; Zweck
flāgitium, ī 42	Schandtat
flamma, ae 7	Flamme; Feuer
flēre, fleō, flēvī 4, 13	(be)weinen
flōs, flōris *m.* 22	Blume
flūctus, ūs *m.* 40	Welle
flūmen, flūminis *n.* 11	Fluss
foedus, a, um 32	scheußlich; abstoßend
forās *(Adv.)* 26	heraus; hinaus
fōrma, ae 16	Form; Gestalt; Schönheit
fortasse *(Adv.)* 6	vielleicht
fortis, e 20	stark; tapfer
fortūna, ae 3	Zufall; Glück; Schicksal
forum, ī 10	Forum; Marktplatz
frangere, frangō, frēgī, frāctum 35	zerbrechen (*transitiv, also:* etwas kaputt machen)
frāter, frātris *m.* 4	Bruder
frequēns (*Gen.* frequentis) 42	häufig
frūctus, ūs *m.* 41	Ertrag: 1. Frucht 2. Nutzen
frūmentum, ī 2	Getreide
frūstrā *(Adv.)* 42	vergeblich
fūdī 14	→ fundere
fugere, fugiō, fūgī 17	fliehen
fuī 12	→ esse
fundere, fundō, fūdī, fūsum 7, 14, 41	1. (ver)gießen 2. zerstreuen; in die Flucht schlagen
furere, furō, –, – 39	umherwüten; verrückt sein
furor, furōris *m.* 32	Wut; Raserei
gaudēre, gaudeō, gāvīsus sum *(+ Abl.)* 5, 44	sich (über *etw.*) freuen
gaudium, ī 9	Freude
gēns, gentis *f.* 12	1. (vornehme) Familie; Geschlecht 2. Volk; Stamm

genus, generis *n.* 20	Abstammung; Geschlecht; Art
gerere, gerō, gessī, gestum 27	tragen; führen; ausführen
bellum gerere 27	Krieg führen
Germānus, ī 14	Germane
gessī 27	→ gerere
gestum 27	→ gerere
gladius, ī 5	Schwert
glōria, ae 27	Ruhm; Ehre
Graecus, a, um 15	griechisch
Graecus, ī 15	Grieche
grātia, ae 13	*Positives Verhältnis zwischen Menschen:* 1. Ausstrahlung 2. Beliebtheit; Sympathie 3. Gefälligkeit 4. Dank
grātiās agere 13	danken
gravis, e 20	schwer; ernst; wichtig
habēre 8	haben
habitāre 1	(be)wohnen
habitus, ūs *m.* 27	1. Haltung; Zustand; Aussehen 2. Kleidung
haerēre 11	hängen; stecken bleiben
haud *(Adv.)* 11	nicht; nicht gerade
herba, ae 2	Gras; Pflanze
herī *(Adv.)* 15	gestern
hīc *(Adv.)* 1	hier
hic, haec, hoc 29	dieser, diese, dieses
hiems, hiemis *f.* 30	Winter
hinc *(Adv.)* 35	von hier
hodiē *(Adv.)* 5	heute
homō, hominis *m.* 4	Mensch; *Pl.:* die Leute
honestus, a, um 15	ehrenhaft; angesehen
honōs, honōris *m.* 17	Ehre; Ehrenamt
hōra, ae 5	Stunde
hortārī, hortor, hortātus sum 41	auffordern; ermahnen
hortus, ī 8	Garten
hospes, hospitis *m.* 15	Fremder; Gast
hostia, ae 4	Opfertier
hostis, is (*Gen. Pl.* hostium) 21	Feind
hūc *(Adv.)* 38	hierhin
humānitās, tātis *f.* 18	Menschlichkeit; Bildung
hūmānus, a, um 44	1. menschlich 2. gebildet
iacēre 5	liegen
iactāre 28	werfen; schleudern
iam *(Adv.)* 1	schon
iānua, ae 34	Tür; Eingang
ibī *(Adv.)* 2	dort
īdem, eadem, idem (*Gen.* eiusdem) 44	derselbe
idōneus, a, um 10	geeignet (für *etw.*)
igitur *(nachgestellt)* 23	also; folglich
ignārus, a, um *(+ Gen.)* 41	unwissend; ohne Kenntnis
ignis, is *m.* (*Gen. Pl.* ignium) 38	Feuer
īgnōrāre 9	nicht kennen; nicht wissen
nōn īgnōrāre 9	genau kennen; genau wissen
ille, illa, illud 29	jener, jene, jenes
imāgō, ginis *f.* 22	Bild; Abbild
immō 23	nein, vielmehr; ja, sogar
immolāre 4	opfern
imperāre 40	befehlen; herrschen (über)
imperātor, ōris *m.* 4	1. Oberbefehlshaber 2. Kaiser; Herrscher
imperium, ī 27	1. Befehl 2. Herrschaft 3. Reich
impetus, ūs *m.* 24	Angriff; Schwung
implōrāre 4	*jmdn.* anflehen
impōnere, -pōnō, -posuī, -positum 20, 38	auferlegen
imprīmīs *(Adv.)* 6	vor allem
improbus, a, um 36	schlecht; unverschämt
imprōvīsus, a, um 25	unvorhergesehen
impūne *(Adv.)* 35	ungestraft, straflos
in *(+ Abl.)* 5	in *etw. (wo?);* an; auf; bei
in *(+ Akk.)* 4	1. in *etw.* hinein *(wohin?)* 2. nach; gegen; zu
inānis, e 20	leer; wertlos
incendere, incendō, incendī, incēnsum 29	in Brand stecken
incendium, ī 7	Brand
incipere, incipiō, coepī, coeptum 5, 18, 30	anfangen
incitāre 2	1. erregen 2. antreiben
incola, ae *m.* 25	Einwohner
incolumis, is, e 29	unverletzt, wohlbehalten
inde *(Adv.)* 30	1. von dort 2. seitdem; daraufhin 3. daher; deshalb
indignus, a, um *(+ Abl.)* 14	*einer Sache* unwürdig
īnfēlīx (*Gen.* īnfēlīcis) 39	unglücklich
īnferī, ōrum 20	Unterirdische; Bewohner der Unterwelt
īnferior, inferius (*Gen.* īnferiōris) 29	der untere
ingenium, ī 36	1. Begabung 2. Charakter
ingēns (*Gen.* ingentis) 20	riesig; ungeheuer
ingredī, -gredior, -gressus sum 44	hineingehen
inicere, -iciō, -iēcī, -iectum 43	hineinwerfen
inimīcus, a, um 43	feindlich
inimīcus, ī 43	Feind
inīquus, a, um 3	1. ungleich 2. ungerecht
iniūria, ae 36	Unrecht; Ungerechtigkeit
innocēns (*Gen.* innocentis) 37	unschuldig
innocentia, ae 32	Unschuld
inquit 8	er, sie, es sagt(e)
īnsānus, a, um 34	unvernünftig; verrückt
īnsidiae, ārum 44	Falle; Hinterhalt
īnspicere, -spiciō, -spexī, -spectum 35	besichtigen; hineinschauen

īnstāre, īnstō, īnstitī + *Dat.* 38	*jdm.* bevorstehen; drohen
īnstitūtum, ī 36	Einrichtung
īnstruere, -struō, -strūxī, -strūctum 38	1. aufstellen 2. ausrüsten 3. unterrichten
īnsula, ae 18	1. Insel 2. Wohnblock
intellegere, intellegō, intellēxī 10, 15	bemerken; verstehen
inter *(+ Akk.)* 40	zwischen; unter; während
interesse, -sum, -fuī, – 33	1. dazwischenliegen 2. dabei sein; teilnehmen 3. (+ *Gen.*) es ist für *jdn.* wichtig 4. es besteht ein Unterschied zwischen
mea interest 39	es ist wichtig für mich
interficere, -ficiō, -fēcī, -fectum 28	töten
interim *(Adv.)* 26	inzwischen
interīre, -eō, -iī, -itum 34	untergehen; umkommen
intermittere, -mittō, -mīsī, -missum 30	unterbrechen
interrogāre 42	fragen
intrā *(+ Akk.)* 25	innerhalb von *etw.*
intrāre 1	eintreten; betreten
invenīre, -veniō, -vēnī, -ventum 2, 14, 28	(er)finden
invītāre 12	einladen
invītus, a, um 39	ungern; gegen den Willen
ipse, ipsa, ipsum (*Gen.* ipsīus) 31	1. selbst 2. *betonend:* persönlich; eben; genau; gerade
īra, ae 9	Zorn
īre, eō, iī, itum 11, 18, 26	gehen
is, ea, id 10	der; dieser; er
iste, ista, istud (*Gen.* istīus) 32	dieser (da)
ita *(Adv.)*2	so
itaque 8	deshalb
item *(Adv.)* 37	ebenso
iter, itineris *n.* 20	Weg; Marsch; Reise
iterum 6	wiederum; noch einmal
iterum atque iterum 7	immer wieder
iubēre, iubeō, iussī, iussum 9, 15, 26	befehlen
iūcundus, a, um 16	angenehm
iūdex, dicis *m.* 37	Richter
iūdicāre 27	1. (als etwas) beurteilen 2. entscheiden
iūdicium, ī 36	1. Gericht 2. Urteil
Iuppiter, Iovis 21	Jupiter
iūrāre 40	schwören
iūs, iūris *n.* 36	Recht
iussī 15	→ iubēre
iussū *(+ Gen.)* 20	auf *jmds.* Befehl
iussum, ī 39	Befehl
iussum 26	→ iubēre
iūstitia, ae 37	Gerechtigkeit
iūstus, a, um 21	gerecht
iuvāre, iuvō, iūvī 7, 16	1. unterstützen; helfen 2. erfreuen
iuvenis, is *m./f.* 26	jung; *Subst.:* junger Mann/ junge Frau
labor, labōris *m.* 29	1. Anstrengung 2. Arbeit
labōrāre 9	1. sich bemühen; arbeiten 2. in Not sein; leiden
lacrima, ae 41	Träne
lacus, ūs *m.* 24	See
laedere, laedō, laesī, laesum 28	verletzen; beleidigen
laetus, a, um 4	fröhlich
lapis, lapidis *m.* 25	Stein
latēre 28	versteckt sein
lātum 29	→ ferre
laudāre 18	loben
laus, laudis *f.* 18	Lob; Ruhm
lectus, ī 43	Bett
legere, legō, lēgī 15	1. sammeln; auswählen 2. lesen
legiō, legiōnis *f.* 14	Legion
lēx, lēgis *f.* 39	Gesetz
libenter *(Adv.)* 9	gern
līber, lībera, līberum 19	frei
līberāre 29	befreien
līberī, ōrum 1	Kinder
lībertās, tātis *f.* 23	Freiheit
licet *(+ Inf.)* 2	es ist erlaubt
licet *(+ Konj.)* 38	wenn auch; selbst wenn
līgnum, ī 28	Holz
littera, ae 15	Buchstabe; *Pl.:* »Geschriebenes«: 1. Brief 2. Wissenschaften 3. Literatur
lītus, lītoris *n.* 22	Strand; Küste
locus, ī 18	Ort
locūtus 41	→ loquī
longus, a, um 28	lang
loquī, loquor, locūtus sum 41	sprechen; reden
lucrum, ī 7	Gewinn
lūdere, lūdō, lūsī 9, 22	spielen
lūdus, ī 6	1. Spiel 2. Wettkampf 3. Schule
lūmen, lūminis *n.* 45	1. Licht 2. Auge
lūna, ae 45	Mond
lupus, ī 44	Wolf
lūx, lūcis *f.* 32	Licht
maestus, a, um 41	traurig
magis *(Adv.)* 8	mehr
magnitūdō, dinis *f.* 28	Größe
magnus, a, um 4	1. groß 2. bedeutend
māior, māius (*Gen.* māiōris) 36	1. größer; bedeutender 2. älter
malus, a, um 3	schlecht; böse
manēre, maneō, mānsī, mānsum 33	bleiben; (er)warten
manus, ūs *f.* 24	1. Hand 2. Gruppe

mare, maris *n.* (*Abl. Sg.* marī, *Nom. Pl.* maria) 20	Meer
marītus, ī 6	Ehemann
māter, mātris *f.*	Mutter
maximē *(Adv.)* 8	am meisten; sehr; besonders
maximus, a, um 27	1. der größte 2. sehr groß; sehr bedeutend
mēcum 8	mit mir
medicus, ī 45	Arzt
medius, a, um 21	der mittlere *(räuml. u. zeitl.)*; Mittel-
melior, melius (*Gen.* meliōris) 18	besser
membrum, ī 43	Glied
meminisse, meminī (*+ Gen./Akk.*) 24	sich erinnern *an (im Dt. Präsens, im Lat. Perfektformen!)*
memor, memoris *(+ Gen.)* 42	»sich erinnernd«; in Erinnerung an
memor sum 42	ich erinnere mich (an)
mēns, mentis *f.* 39	Verstand
mēnsa, ae 44	Tisch
mēnsis, is *m.* 34	Monat
mercātor, ōris *m.* 7	Kaufmann
merx, mercis *f.* 7	Ware
metuere, metuō, metuī, – 16	(sich) fürchten
metuere, nē *(+ Konj.)* 23	fürchten, dass *(ohne Verneinung)*
metus, ūs 26	Furcht; Besorgnis
meus, a, um 7	mein
Mihī nōmen est …	Ich heiße …
mīles, mīlitis *m.* 14	Soldat
mīlitāris, e 31	militärisch; Kriegs-…
minimē *(Adv.)* 10	ganz und gar nicht; am wenigsten
minimus, a, um 32	der kleinste, sehr klein
minor, minus (*Gen.* minōris) 43	kleiner; geringer
mīrārī 43	sich wundern
mīrus, a, um 21	1. merkwürdig; erstaunlich 2. wunderbar
miscēre, misceō, miscuī, mixtum 40	mischen; verwirren
miser, misera, miserum 3	bedauernswert; unglücklich
miseria, ae 7	Unglück
mīsī 24	→ mittere
mittere, mittō, mīsī, missum 24, 28	schicken
mixtum 40	→ miscēre
modo *(Adv.)* 14	1. nur 2. gerade eben (noch)
modus, ī 17	Art (und Weise)
monēre 10	(er)mahnen
mōns, montis *m.* 20	Berg
mōnstrum, ī 24	1. Ungeheuer 2. göttliches Zeichen
monumentum, ī 45	Grabmal; Denkmal
morārī 42	sich aufhalten
morī, morior, mortuus sum 41	sterben
mors, mortis *f.* 36	Tod
(mortem) obīre 38	sterben
mortālis, e 29	sterblich; *als Substantiv:* Mensch
mortuus, a, um 9	tot
mortuus sum 41	→ morī
mōs, mōris *m.* 23	Sitte; Brauch; *Pl. auch:* Charakter
mōtus, ūs *m.* 25	1. Bewegung 2. Erregung 3. Aufruhr
movēre, moveō, mōvī, mōtum 2, 17, 28	1. bewegen 2. beeindrucken
mox *(Adv.)* 15	bald
mulier, ris *f.* 7	Frau
multī, ae, a 3	viele
multum *(Adv.)* 12	1. viel; sehr 2. oft
mūnīre 30	befestigen
mūrus, ī 13	Mauer
mūtāre 42	(ver)ändern; verwandeln
nactus sum 44	→ nancīscī
nam 9	denn
nancīscī, nancīscor, na(n)ctus sum 44	1. erreichen 2. bekommen
nārrāre 11	erzählen
nāscī, nāscor, nātus sum 42	geboren werden; entstehen
nātiō, tiōnis *f.* 14	Volk; Volksstamm
nātūra, ae 30	Natur; Beschaffenheit
nātus sum 42	→ nāscī
nātus, ī/nāta, ae 42	Sohn/Tochter
nauta, ae *m.* 29	Seemann
nāvis, is *f.* 19	Schiff
nē *(+ Konj.)* 23	dass nicht; damit nicht
timēre/metuere, nē *(+ Konj.)* 23	fürchten, dass *(ohne Verneinung)*
-ne …? 6	*Fragepartikel*
nē … quidem 42	nicht einmal
necāre 11	töten
necessārius, a, um 43	notwendig; befreundet; verwandt
necessārius, ī 43	Verwandter; Freund
necesse est *(+ Inf.)* 2	es ist notwendig
nefārius, a, um 28	gottlos; verbrecherisch
nefās 44	Frevel; Unrecht
negāre 39	verneinen
negāre + *AcI* 39	sagen, dass … nicht
neglegere, neglegō, neglēxī, neglēctum 10, 17, 25	1. nicht beachten; missachten 2. vernachlässigen
negōtium, ī 1	1. Arbeit; Aufgabe 2. Geschäft; Handel
nēmō, nēminis 19	niemand
neque … neque 8	weder … noch
neque 8	und nicht; aber nicht

nescīre, nesciō, nescīvī, nescītum 15, 27	nicht wissen
nēve 37	und nicht; oder nicht
nex, necis *f.* 40	Mord
niger, nigra, nigrum 43	schwarz
nihil 13	nichts
nihil nisī 21	nichts außer; nur
nimis *(Adv.)* 30	zu sehr; zu *(+Adj.)*
nisī 21	wenn nicht
nihil nisī 21	nichts außer; nur
nōbilis, e 18	berühmt; adlig
nōlle, nōlō, nōluī 15	nicht wollen
nōmen, nōminis *n.*	Name
nōn 1	nicht
nōn iam 3	nicht mehr
nōn sōlum ..., sed etiam 6	nicht nur ..., sondern auch
nōndum *(Adv.)* 38	noch nicht
nōnne ...? 6	etwa nicht? *(man erwartet die Antwort:* doch)
nōnnūllī, ae, a 31	einige; manche
nōs 6	wir
noster, nostra, nostrum 7	unser
nostrī, ōrum 14	unsere Leute; die Unsrigen
nōtus, a, um 11	bekannt
novus, a, um 10	neu
nox, noctis *f.* 25	Nacht
nūbere, nūbō, nūpsī *(+ Dat.)* 15	heiraten
nūdus, a, um 45	nackt
nūllus, a, um 6	kein; keiner
num ...? 6	denn; etwa? *(man erwartet die Antwort:* nein)
nūmen, nūminis *n.* 31	göttliche Macht; Gottheit
numerāre 45	zählen
numquam *(Adv.)* 10	niemals
nunc *(Adv.)* 4	jetzt; nun
nūntiāre 33	melden; verkünden
nūntius, ī 17	Bote; Nachricht
nūper *(Adv.)* 13	kürzlich
nūpsī 15	→ nūbere
nūptiae, ārum 15	Hochzeit
ob *(+ Akk.)* 28	wegen
obīre, -eō, -iī, -itum 38	1. entgegengehen 2. übernehmen
(mortem) obīre 38	sterben
obscūrus, a, um 25	1. dunkel 2. unklar
obsecrāre 24	anflehen; beschwören
obses, obsidis *m./f.* 19	Geisel
obtinēre, -tineō, -tinuī 23	innehaben; (besetzt) halten
occāsiō, ōnis *f.* 38	Gelegenheit
occĭdere, occidō, occidī 39	umkommen
occīdere, occīdō, occīdī, occīsum 34	niederhauen; töten
occultāre 28	verstecken
occultus, a, um 32	verborgen; geheim
occurrere, -currō, -currī, -cursum 43	entgegenlaufen
octōgintā *(indekl.)* 35	achtzig
oculus, ī 16	Auge
odium, ī 39	Hass
offendere, offendō, offendī, offēnsum 33	anstoßen; verletzen; beleidigen
officium, ī 9	Dienst; Pflicht(erfüllung)
omnīnō *(Adv.)* 25	überhaupt; ganz und gar
omnis, e 18	1. jeder 2. ganz; *Pl.:* alle
operīre 45	schließen
oportet 14	es gehört sich; es ist nötig
oppidum, ī 19	Stadt; befestigte Siedlung
opprimere, -primō, -pressī, -pressum 19, 25	1. bedrohen; niederdrücken 2. überfallen
oppūgnāre 21	angreifen
ops, opis *f.* 16	Kraft; Hilfe; *Pl.:* Macht; Streitkräfte; Reichtum
optāre 23	wünschen
optimus, a, um 16	der beste; sehr gut
opus est *(+ Abl.)* 13	man braucht; es ist nötig
ōra, ae 38	Küste
ōrāre 16	bitten
ōrātiō, tiōnis *f.* 18	Rede
ōrātor, ōris *m.* 36	Redner
orbis, is *m.* 19	Kreis
orbis terrārum 19	Erdkreis
ōrnāmentum, ī 10	Schmuck
ōs, ōris *n.* 16	Mund; Gesicht
ōsculum, ī 22	Kuss
ostendere, ostendō, ostendī, ostentum 30	zeigen
ōstium, ī 33	Mündung; Eingang
ōtium, ī 16	1. Ruhe 2. freie Zeit 3. Frieden
paene *(Adv.)* 31	fast
paenitet *(+ Akk.) (+ Gen. der Sache)* 35	es reut *jdn. einer Sache*
palam *(Adv.)* 36	öffentlich
palūs, palūdis *f.* 30	Sumpf
pānis, is *m.* 10	Brot
pār (*Gen.* paris) 18	gleich
parāre 12	(vor)bereiten
parcere, parcō, pepercī *(+ Dat.)* 21	1. *etw./jdn.* schonen; auf *jdn.* Rücksicht nehmen 2. sparen
parentēs *m. Pl.* 31	Eltern
pārēre 1	gehorchen
parere, pariō, peperī 11, 16	1. gebären 2. hervorbringen; erwerben
pars, partis *f.* 24	Teil; Seite
parum *(Adv.)* 26	zu wenig; wenig
parvus, a, um 40	klein
parvī aestimāre 40	gering schätzen
passus sum 41	→ patī

pater, patris *m.*	Vater
patī, patior, passus sum 41	(er)leiden; ertragen
patientia, ae 42	Geduld
patria, ae 17	Heimat
patrōnus, ī 36	Schutzherr; Patron; Anwalt
pauper (*Gen.* pauperis, *Abl.* paupere) 34	arm
pāx, pācis *f.* 4	Friede
peccāre 34	einen Fehler machen; sündigen
pectus, pectoris *n.* 22	1. Brust 2. Herz 3. Seele
pecūnia, ae 10	Geld
pecus, pecoris *n.* 8	Vieh
pellere, pellō, pepulī, pulsum 24, 39	1. stoßen; schlagen 2. vertreiben
penātēs, ium *m. Pl.* 44	1. Hausgötter 2. Haus
pepercī 21	→ parcere
peperī 16	→ parere
pepulī 24	→ pellere
per *(+ Akk.)* 4	1. durch; über (... hinaus) 2. während
perdere, perdō, perdidī, perditum 38	zugrunde richten
perficere, -ficiō, -fēcī, -fectum 40	[»etwas zu Ende tun«] fertigstellen; vollenden
pergere, pergō, perrēxī, perrēctum 14, 45	1. weitermachen; fortsetzen 2. aufbrechen (≈ sich auf den Weg machen)
perīculum, ī 19	Gefahr
perīre, -eō, -iī, -itum 25	zugrunde gehen
permittere, -mittō, -mīsī, -missum 37	erlauben
permovēre, -moveō, -mōvī, -mōtum 39	(innerlich) stark bewegen: 1. beunruhigen 2. veranlassen
perniciēs, perniciēī *f.* 24	Verderben; Untergang
persuādēre, persuādeō, persuāsī, persuāsum *(+ Dat.)* 27	1. überzeugen 2. überreden
perterrēre 28	gewaltig erschrecken
perturbāre 34	(völlig) verwirren
pervenīre, -veniō, -vēnī 17	hinkommen; erreichen
pēs, pedis *m.* 38	Fuß
pedem referre 38	sich zurückziehen
petere, petō, petīvī, petītum 5, 14, 27	[»anpeilen, anvisieren«] 1. aufsuchen; sich begeben 2. verlangen; (er)bitten 3. angreifen
pietās, tātis, *f.* 20	»Respekt«: 1. Gottesfurcht 2. Pflichtgefühl
pius, a, um 20	»respektvoll«: fromm; pflichtbewusst
plācāre 4	beruhigen
placēre 1	gefallen
placidus, a, um 22	friedlich; sanft
plēnus, a, um *(+ Gen.)* 21	voll von *etw.*

plūrēs *Pl.* 30	mehrere
plūrimum *(Adv.)* 36	am meisten; sehr
plūrimum posse 36	größten Einfluss haben
plūs 13	mehr
poena, ae 19	Strafe
poenam dare 19	Strafe erleiden: für *etw.* bestraft werden; für *etw.* büßen
poēta, ae *m.* 6	Dichter
pondus, ponderis *n.* 43	Gewicht
pōnere, pōnō, posuī, positum 11, 31	stellen; legen
pōns, pontis *m.* 30	Brücke
poposcī 19	→ poscere
populus, ī 5	Volk
porta, ae 20	Tor
portāre 28	tragen; bringen
poscere, poscō, poposcī, – 19	fordern
positus, a, um 31	gelegen
posse, possum, potuī, – 8, 13	können; Einfluss haben
possessiō, iōnis *f.* 37	Besitz
post *(+ Akk.)* 17	nach; hinter
posteā *(Adv.)* 36	später
postquam 12	nachdem
postrēmō *(Adv.)* 41	zuletzt
postulāre 29	fordern
pōtāre 35	trinken; saufen
potestās, tātis *f.* 32	1. Amtsgewalt 2. Macht 3. Möglichkeit
potius *(Adv.)* 37	eher; lieber
potuī 13	→ posse
praebēre 8	geben
sē praebēre *(+ Akk.)* 32	sich erweisen als
praeceps (*Gen.* praecipitis) 29	1. kopfüber 2. überstürzt 3. steil
praecipere, -cipiō, -cēpī, -ceptum 29	vorschreiben; belehren
praeclārus, a, um 14	hochberühmt; ausgezeichnet
praedicāre 18	laut verkünden; rühmen
praeesse, -sum, -fuī *(+ Dat.)* 24	an der Spitze stehen; *jdn.* kommandieren; *etw.* verwalten
praemium, ī 27	Belohnung
praesēns (*Gen.* praesentis) 31	anwesend; gegenwärtig
praestāre, -stō, -stitī, -stitum 27	1. *mit Dat.:* (»vor *jdm.* stehen«) → *jdn.* übertreffen 2. *mit Akk.: etw.* geben; *etw.* leisten
sē praestāre, -stō, -stitī, -stitum 34	sich zeigen; sich erweisen als
praeter *(+ Akk.)* 13	außer
praetor, ōris *m.* 17	Prätor
precārī 42	bitten; beten
precēs, precum *Pl. f.* 28	Bitten; Gebet
pretium, ī 10	Preis; Lohn
prīmō *(Adv.)* 22	zuerst; anfangs

prīmum *(Adv.)* 16	zuerst; zum ersten Mal
prīmus, a, um 21	der erste; der wichtigste
prīnceps, prīncipis *m.* 32	der erste; der vornehmste; *Subst.:* Kaiser
prīvāre *(+ Abl.)* 38	1. *einer Sache* berauben 2. von *etw.* befreien
prō *(+ Abl.)* 17	1. vor 2. für; an Stelle von *etw.* 3. im Verhältnis zu *etw.*
probāre 37	1. prüfen 2. gut finden; billigen 3. beweisen
probus, a, um 3	tüchtig; anständig; gut
prōcēdere, -cēdō, -cessī, -cessum 30	1. vorrücken 2. Fortschritte machen
procul *(Adv.)* 28	von fern; weit weg
profectō *(Adv.)* 10	in der Tat; sicherlich
profectus sum 43	→ proficīscī
prōferre, -ferō, -tulī, lātum 30	1. vorwärtstragen 2. erweitern
proficīscī, proficīscor, profectus sum 43	(ab)reisen; aufbrechen
prōgredī, -gredior, -gressus sum 43	vorrücken; weitergehen
prohibēre, -hibeō, -hibuī, -hibitum 25	fernhalten; abhalten; hindern
prōmittere, -mittō, -mīsī, -missum 15, 27	versprechen
prope *(Adv.)* 40	nah
properāre 8	eilen; sich beeilen
prōpōnere, -pōnō, -posuī 19	vorlegen; vorschlagen
propter *(+ Akk.)* 16	wegen
prōvidēre, -videō, -vīdī, -vīsus 44	1. vorhersehen 2. *(mit Dativ)* sorgen für
proximus, a, um 43	der nächste; der letzte
pūblicus, a, um 32	öffentlich; staatlich
puella, ae 3	Mädchen
puer, puerī 3	Junge
pūgna, ae 5	Kampf; Schlacht
pūgnāre 5	kämpfen
pulcher, pulchra, pulchrum 3	schön
pulchritūdō, dinis *f.* 27	Schönheit
pulsum 39	→ pellere
pūnīre 28	bestrafen
putāre 9	1. glauben; meinen 2. für *etw.* halten
quā dē causā 20	aus welchem Grund? weshalb? *(rel. Satzanschluss:* deshalb)
quā rē/quārē 23	weshalb? *(rel. Satzanschluss:* deshalb)
quadrāgintā *(indekl.)* 33	vierzig
quaerere ex *(+ Abl.)* 8	*jmdn.* fragen
quaerere, quaerō, quaesīvī, quaesītum 8, 15, 26	suchen
quālis 44	wie; von welcher Art
quālis … tālis 44	wie … so

quam 13	als; wie
quam *(nach einem Komparativ)* 39	als
quam ob rem 31	warum? weshalb? *(rel. Satzanschluss:* deshalb)
quamquam 11	obwohl
quamvīs *(+ Konj.)* 26	obwohl; wenn auch
quandō *(Adv.)* 15	wann
quantopere *(Adv.)* 34	wie sehr
quantum 34	wie viel; wieweit; so viel; so sehr
quantus, a, um 38	wie groß; wie viel
quārtus, a, um 35	der vierte
quasi 44	wie; als ob
-que 10	und
quī, quae, quod 19	der, die, das *(Relativpronomen)*
quia 5	weil
quid? 10	was?
quīdam, quaedam, quoddam 33	jemand; ein gewisser
quidem *(Adv.)* 22	allerdings
nē … quidem 42	nicht einmal
quidquid 28	was auch immer
quiēscere, quiēscō, quiēvī, quiētum 43	(aus)ruhen; schlafen
quiētus, a, um 25	ruhig
quīnque *(undekl.)* 24	fünf
quīntus, a, um 35	der fünfte
quis? 22	wer?
quisquam (*Gen.* cuiusquam) 42	irgendjemand
quisque, quaeque, quidque 42	jeder
quod 6	weil
quōmodo 15	wie
quondam *(Adv.)* 45	einst
quoniam 41	weil
quoque *(nachgestellt)* 3	auch
rapere, rapiō, rapuī, raptum 12, 17, 38	rauben; (weg)reißen
ratiō, ōnis *f.* 38	Überlegung: 1. Vernunft 2. Methode; Art und Weise 3. Grund
ratus sum 44	→ rērī
rē vērā 11	wirklich; tatsächlich
recēns (*Gen.* recentis) 39	neu; frisch
recipere, -cipiō, -cēpī, -ceptum 14, 26	zurücknehmen; empfangen
sē recipere 14	sich zurückziehen
rēctē *(Adv.)* 19	richtig, zu Recht
rēctus, a, um 29	gerade; recht; richtig
recūsāre 35	ablehnen; zurückweisen
reddere, reddō, reddidī 17	1. zurückgeben 2. zu *etw.* machen
redīre, -eō, -iī 17	zurückgehen

redūcere, -dūcō, -dūxī 20	zurückführen
referre, -ferō, ret-tulī, re-lātum 33	1. zurückbringen; hinbringen 2. berichten
pedem referre 38	sich zurückziehen
regere, regō, rēxī 19	lenken; leiten; beherrschen
rēgnum, ī 11	1. Königsherrschaft; Alleinherrschaft 2. Königreich
religiō, religiōnis *f.* 31	Ehrfurcht; Gottesverehrung
religiōsus, a, um 42	gottesfürchtig; fromm
relinquere, relinquō, relīquī, relictum 2, 17, 25	1. verlassen 2. unbeachtet lassen
remanēre, -maneō, -mānsī, – 13	(zurück)bleiben
removēre, -moveō, -mōvī 13	entfernen
renovāre 35	erneuern
reparāre 13	wiederherstellen; reparieren
repellere, repellō, reppulī 14	vertreiben; zurückschlagen
reperīre, reperiō, repperī, repertum 38	(wieder)finden
reprehendere, reprehendō 8	tadeln
rērī, reor, ratus sum 44	meinen
rēs, reī *f.* 24	1. Sache; Ding 2. Angelegenheit
rēs mīlitāris *f.* 31	Kriegswesen
rēs pūblica 32	Staat; Gemeinwesen; Politik
resistere, resistō, restitī – 5, 18	1. stehen bleiben 2. Widerstand leisten
respicere, -spiciō, -spexī, -spectum 45	zurückschauen
respondēre, respondeō, respondī 8, 15	antworten
restāre, -stō, -stitī, – 37	1. übrig bleiben 2. Widerstand leisten
restituere, -stituō, -stituī, -stitūtum 13, 25	wiederherstellen
reus, ī 37	Angeklagter
revertī, revertor, revertī, reversum 42	zurückkehren
rēx, rēgis *m.* 11	König
rīdēre, rīdeō, rīsī 15	lachen
rogāre 8	1. fragen 2. bitten
Rōmānus, a, um 9	römisch
Rōmānus, ī 9	Römer
ruere, ruō, ruī, rutum 26	1. eilen; stürmen 2. einstürzen; herabstürzen
rumpere, rumpō, rūpī, ruptum 13, 25	(zer-)brechen
rūrsus *(Adv.)* 13	wieder
rūs, rūris *n.* 44	Feld; Land *(im Gegensatz zur Stadt)*
sacer, sacra, sacrum 28	heilig; *(einer Gottheit)* geweiht
sacerdōs, dōtis *m./f.* 4	Priester/Priesterin
sacrificium, ī 6	Opfer
saeculum, ī 38	Zeitalter; Jahrhundert

saepe *(Adv.)* 16	oft
saevus, a, um 17	schrecklich
salūs, salūtis *f.* 7	1. Wohlergehen 2. Rettung
salūtem dīcere 26	grüßen
salūtāre 5	grüßen
salvē!	Sei gegrüßt! Hallo!
salvēte! 6	Seid gegrüßt! Guten Tag!
salvus, a, um 17	gesund; am Leben
sānctus, a, um 43	heilig
sanguis, sanguinis *m.* 32	Blut
sapere, sapiō, sapīvī – 22	1. Geschmack haben 2. Verstand haben
sapiēns (*Gen.*: sapientis) 27	klug; weise; *Subst.*: der Weise
sapientia, ae 27	Klugheit; Weisheit
satis *(Adv.)* 44	genug
saxum, ī 29	Felsen
scelerātus, a, um 32	verbrecherisch; *Subst.*: Verbrecher
scelus, sceleris *n.* 32	Verbrechen
scelus committere 32	ein Verbrechen begehen
scīlicet 37	ja, natürlich *(oft ironisch)*
scīre, sciō, scīvī 15	wissen
scrībere, scrībō, scrīpsī, scrīptum 39	schreiben
scrīptor, ōris *m.* 41	Schreiber; Schriftsteller
sē dēdere, dēdō, dēdidī (+ *Dat.*) 18	sich *jmdm.* ausliefern; sich *einer Sache* widmen
sē tenēre 37	sich aufhalten
secūtus sum 41	→ sequī
sed 1	aber; sondern
sedēre, sedeō, sēdī, sessum 22, 27	sitzen
sēdēs, is *f.* 23	1. Sitz 2. Wohnsitz 3. Heimat
semper *(Adv.)* 2	immer
senātor, ōris *m.* 14	Senator
senex (*Gen.* senis) 33	alt; alter Mann
sentīre, sentiō, sēnsī, sēnsum 42	1. fühlen; merken 2. meinen
septem *(indekl.)* 20	sieben
sepulchrum, ī 42	Grab
sequī, sequor, secūtus sum (+ *Akk.*) 41	*jdm.* folgen
sermō, sermōnis *m.* 23	1. Gespräch 2. Redeweise 3. Sprache
sērō *(Adv.)* 21	spät; zu spät
servāre 11	retten; bewahren
servīre, serviō, servīvī, servītum 45	dienen; Sklave sein
servus, ī	Sklave
sevērus, a, um 33	ernst; streng
sex 35	sechs
sexāgintā *(indekl.)* 34	sechzig
sextus, a, um 35	der sechste
sī *(in indirekten Fragen)* 43	ob
sī 9	falls; wenn

sīc *(Adv.)* 11	so
sīcut *(Adv.)* 26	so wie
sīgnum, ī 5	1. Zeichen 2. Feldzeichen 3. Statue
silentium, ī 1	Stille; Schweigen
silva, ae 30	Wald
similis, e *(+ Gen/Dat.)* 21	*jdm./einer Sache* ähnlich
simul *(Adv.)* 18	zugleich; gleichzeitig
simulācrum, ī 45	Standbild; Abbild
simulāre 11	vortäuschen
sīn 21	wenn aber
sine *(+ Abl.)* 12	ohne
sinere, sinō, sīvī, situm 40	lassen; zulassen
singulāris, e 18	einzeln; einzigartig
socius, ī 21	Bündnispartner; Verbündeter; Kamerad
sōl, sōlis *m.* 31	Sonne
solēre 23	gewöhnlich tun, gewohnt sein
solum, ī 38	Erdboden
sōlus, a, um 12	allein
solvere, solvō, solvī, solūtum 19, 29	1. lösen 2. bezahlen
somnium, ī 34	Traum
somnus, ī 18	Schlaf
soror, ōris *f.* 4	Schwester
sors, sortis *f.* *(Gen. Pl.* sortium) 37	Schicksal; Orakel
spectāre 1	betrachten; (hin)schauen
spērāre 14	hoffen
spēs, speī *f.* 24	Hoffnung
spoliāre *(+ Abl.)* 37	plündern; *(einer Sache)* berauben
sponte (meā, tuā, suā ...) 19	freiwillig
stāre, stō, stetī, statum 4, 18, 27	stehen
statim *(Adv.)* 2	sofort
statuere, statuō, statuī, statūtum 26	1. aufstellen 2. festsetzen; beschließen
stetī 18	→ stāre
stringere, stringō, strīnxī, strictum 45	1. ziehen 2. (ab-)streifen
gladium stringere 45	das Schwert ziehen
studēre *(+ Dat.)* 15	sich bemühen (um)
studium, ī 18	Eifer; Interesse; Beschäftigung
stultus, a, um 11	dumm
sub 27	*1. m. Akk.*: unter *etw.* *(wohin?) 2. m. Abl.*: unter *etw.* *(wo?)*; unten an *etw.*
subicere, -iciō, -iēcī, -iectum 44	unterwerfen; unter *etw.* legen
subitō *(Adv.)* 1	plötzlich
sublātum 43	→ tollere

sūmere, sūmō, sūmpsī, sūmptum 35	nehmen
summus, a, um 32	der oberste; der höchste; der letzte
super 43	auf; über (*mit Abl.*: wo?; *mit Akk.*: wohin?)
superāre 17	besiegen; übertreffen
superesse, -sum, -fuī 41	übrig sein
superior, superius (*Gen.* superiōris) 29	der obere
supplicium, ī 32	1. flehentliches Bitten 2. Opfer 3. Todesstrafe; Hinrichtung
surgere, surgō, surrēxī, surrēctum 43	sich erheben
suscipere, -cipiō, -cēpī, -ceptum 32	übernehmen; auf sich nehmen
suspīciō, iōnis *f.* 36	Verdacht; Vermutung
sustulī 18	→ tollere
suus, a, um 7	sein/ihr
taberna, ae 7	1. Laden; Werkstatt 2. Gasthaus
tabula, ae 21	1. Brett; Tafel 2. Verzeichnis; Karte
tacēre 3	schweigen
tāctum 34	→ tangere
tālis, e 23	solch ein
quālis ... tālis 44	wie ... so
tam *(Adv.)* 6	so
tamen 9	trotzdem
tamquam *(Adv.)* 12	wie
tandem *(Adv.)* 2	endlich
tangere, tangō, tetigī, tāctum 22, 34	berühren
tantopere *(Adv.)* 34	so sehr
tantum *(Adv.)* 31	1. nur 2. so sehr; so viel
tantus, a, um 14	so groß; so viel
taurus, ī 22	Stier
tēctum, ī 25	1. Dach 2. Haus
tēlum, ī 28	Wurfgeschoss
temperāre 23	Maß halten
templum, ī 21	Tempel
temptāre 38	betasten: 1. versuchen 2. angreifen
tempus, temporis *n.* 17	Zeit
tendere, tendō, tetendī, tentum 26	1. spannen; ausstrecken 2. streben
tenebrae, ārum 26	Dunkelheit *(Sg.)*
tenēre 19	halten; haben
tergum, ī 14	Rücken
terra, ae 19	Land; Erde
terrēre 19	*jmdn.* erschrecken
terror, terrōris *m.* 28	Schrecken
tertius, a, um 35	der dritte
tetigī 22	→ tangere

timēre 4	(sich) fürchten (vor)
timēre, nē *(+ Konj.)* 23	fürchten, dass *(ohne Verneinung)*
timor, ōris *m.* 25	Furcht; Angst
toga, ae 10	Toga
tolerāre 3	ertragen
tollere, tollō, sustulī, sublātum 18, 43	1. aufheben: hochheben; 2. aufheben: beseitigen
tot *(indekl.)* 36	so viele
tōtus, a, um 5	ganz; gesamt
trāctum 28	→ trahere
trādere, trādō, trādidī, trāditum 11, 17, 41	1. übergeben 2. überliefern
trādūcere, -dūcō, -dūxī, -ductum 30	hinüberführen; *mit dopp. Akk.: jdn.* über *etw.* führen
trahere, trahō, trāxī, trāctum 2, 28	ziehen
trāns *(+ Akk.)* 30	jenseits *einer Sache;* über *etw.* hinaus/hinüber
trānsīre, -eō, -iī, -itum 14, 30	hinübergehen; überqueren
trāxī 28	→ trahere
trēs, trēs, tria 16	drei
tribuere, tribuō, tribuī, tribūtum 13, 40	zuteilen
triennium, ī 33	drei Jahre
trīgintā *(indekl.)* 35	dreißig
trīstis, e 21	traurig
triumphus, ī 21	Triumph; Siegeszug
tū 6	du
tulī 29	→ ferre
tum *(Adv.)* 4	dann; damals; darauf
tunc *(Adv.)* 41	dann
turba, ae 4	1. Menschenmenge 2. Lärm; Verwirrung
turpis, e 31	hässlich; schändlich; (moralisch) schlecht
tūtus, a, um 25	sicher; geschützt
tuus, a, um 7	dein
tyrannus, ī 44	Tyrann
ubī? 1	wo?
ubīque *(Adv.)* 26	überall
ultimus, a, um 18	der letzte; der äußerste
umbra, ae 20	Schatten
umquam *(Adv.)* 39	jemals
unda, ae 29	Welle
undique *(Adv.)* 26	von allen Seiten
ūnicus, a, um 42	einzig
ūnus, a, um 12	1. ein (einziger) 2. einzigartig
urbs, urbis *f.* 12	(sehr bedeutende) Stadt; Rom
ūsque ad *(+ Akk.)* 30	bis zu
ūsus sum 41	→ ūtī
ut *(+ Indikativ)* 29	wie
ut *(+ Konj.)* 22	dass; damit; sodass

ut (prīmum) *(+ Ind.)* 45	sobald; als
uterque, utraque, utrumque (*Gen.* utrīusque, *Dat.* utrīque) 35	beide *(Pl.);* jeder (von beiden) *(Sg.)*
ūtī, ūtor, ūsus sum *(+ Abl.)* 41	*etw.* benutzen; *etw.* haben
utinam 37	hoffentlich; wenn doch
utrum … an … 39	ob … oder (ob)
uxor, ōris *f.* 6	Ehefrau
valdē *(Adv.)* 42	sehr
valē! 26	lebe wohl!
valēre 26	1. gesund sein 2. stark sein 3. imstande sein
validus, a, um 31	stark, gesund
vallum, ī 30	Palisaden; Wall (mit Palisaden)
varius, a, um 10	1. verschieden 2. bunt; vielfältig
vāstus, a, um 24	1. ungeheuer weit 2. öde; wüst
vehemēns (*Gen.* vehementis) 38	heftig
vel 16	oder
velle, volō, voluī 15	wollen
vēndere, vēndō, vēndidī, vēnditum 3, 36	verkaufen
venēnum, ī 40	Gift
venia, ae 42	Erlaubnis; Verzeihung
venīre, veniō, vēnī 1, 13	kommen
ventus, ī 40	Wind
verberāre 2	prügeln
verbum, ī 3	Wort
vērē *(Adv.)* 3	wirklich
vērō 26	aber; wirklich
vertere, vertō 2	drehen; wenden
vērus, a, um 16	1. wahr 2. richtig; echt
vester, vestra, vestrum 7	euer
vestīgium, ī 44	Spur
vestis, is *f.* 10	Bekleidung
vetus (*Gen.* veteris; *Abl.* vetere) 26	alt
via, ae 26	Weg; Straße
vīcī 14	→ vincere
vīcīnus, ī 35	Nachbar
victōria, ae 17	Sieg
victum 29	→ vincere
vīcus, ī 30	Dorf
vidēre, videō, vīdī, vīsum 2, 17, 28	sehen
vidērī, videor, vīsus sum 42	scheinen
vigilia, ae 44	Nachtwache
vigintī *(indekl.)* 19	zwanzig
vīlla, ae 16	Haus
vincere, vincō, vīcī, victum 7, 14, 29	(be)siegen
vinculum, ī 19	Band; Fessel

vindicāre 36	bestrafen; rächen
vīnum, ī 23	Wein
violāre 42	verletzen; vergewaltigen
violentia, ae 44	Gewalt
vir, virī 3	Mann
virgō, virginis *f.* 11	(junge) Frau
virtūs, tūtis *f.* 9	*alles, was einen echten* vir *auszeichnet:* Tapferkeit; Tüchtigkeit; Tugend; Vortrefflichkeit
vīs *f.* (*Akk.* vim, *Abl.* vī; *Pl.* vīrēs, vīrium) 5	1. Kraft 2. Gewalt *Pl. auch:* Streitkräfte
vīsum 28	→ vidēre
vīsus sum 42	→ vidērī
vīta, ae 5	Leben
vitium, ī 23	Fehler; schlechte Eigenschaft
vīvere, vīvō, vīxī 12, 29	leben
vīvus, a, um 34	lebendig; am Leben
vix *(Adv.)* 14	kaum
vocāre 7	1. rufen 2. nennen
volāre 12	fliegen
voluntās, tātis *f.* 40	Wille
voluptās, tātis *f.* 14	Lust; Vergnügen
volvere, volvō, volvī, volūtum 39	wälzen; rollen
sēcum volvere 39	nachdenken über
vōs 6	ihr
vōtum, ī 44	Wunsch; Gebet
vōx, vōcis *f.* 5	1. Stimme 2. Wort; Äußerung
vulgus, ī ***n.*** 22	Volk; Menge; die große Masse
vulnus, vulneris *n.* 39	Wunde
vultus, ūs 44	Gesicht(sausdruck)

Grundwissen: Zeittafel

myth. Vorzeit	Bestrafung des Menschengeschlechts durch Jupiter (Lycaon) Fahrt der Argonauten nach Kolchis
ca. 1200 v. Chr.	Zerstörung Trojas; Flucht des Aeneas (Mythos)
	Königszeit
753 v. Chr.	Gründung Roms durch Romulus (Mythos)
	Republik
ca. 500 v. Chr.	Vertreibung des letzten Königs Tarquinius Superbus; Entstehung der Republik
264–146 v. Chr.	drei Punische Kriege; Rom wird Vormacht im Mittelmeerraum Kontakt zur griechischen Kultur (→ Komödien des Plautus)
133–31 v. Chr.	Jahrhundert der Bürgerkriege wichtige Persönlichkeiten: Caesar, Cicero
	Kaiserzeit/Prinzipat
	1. Jahrhundert
27 v. Chr.–14 n. Chr.	Alleinherrschaft des Augustus
9 n. Chr.	Schlacht im Teutoburger Wald; Niederlage des Varus gegen die Germanen
14–68 n. Chr.	Kaiser der julisch-claudischen Dynastie: Tiberius, Caligula, Claudius, Nero
69–96 n. Chr.	Kaiser der flavischen Dynastie: Vespasian, Titus, Domitian
79 n. Chr.	Ausbruch des Vesuvs
	2. Jahrhundert
98–117 n. Chr.	Trajan
117–138 n. Chr.	Hadrian
	3. und 4. Jahrhundert
	Völkerwanderung; Teilung des Reichs in ein West- und ein Ostreich
284–305 n. Chr.	Diokletian
303–311 n. Chr.	große Christenverfolgung
306–337 n. Chr.	Konstantin
313 n. Chr.	Toleranzedikt erlaubt den Christen die freie Religionsausübung
380/81 n. Chr.	Kaiser Theodosius erklärt das Christentum zur Staatsreligion
476 n. Chr.	Ende des Weströmischen Reiches
	Mittelalter
800 n. Chr.	Kaiserkrönung Karls des Großen
1453 n. Chr.	Untergang des Oströmischen Reiches

Das Römische Reich

zur Zeit seiner größten Ausdehnung unter Trajan